短期交易
零基础攻略

[美]迈克尔·辛西尔 ◎著
（Michael Sincere）

赵晴　饶悦 ◎译

HOW TO PROFIT
IN THE STOCK MARKET
Short-term Trading And Investing Strategies For Beginners

中国科学技术出版社
·北 京·

Michael Sincere
How to Profit in the Stock Market: Short-Term Trading and Investing Strategies for Beginners
9781264267316
Copyright ©2022 by McGraw-Hill Education.
All Rights reserved. No part of this publication may be reproduced or transmitted in any form or by any means, electronic or mechanical, including without limitation photocopying, recording, taping, or any database, information or retrieval system, without the prior written permission of the publisher.
This authorized Chinese translation edition is published by China Science and Technology Press Co., Ltd. in arrangement with McGraw-Hill Education (Singapore) Pte. Ltd. This edition is authorized for sale in the People's Republic of China only, excluding Hong Kong, Macao SAR and Taiwan.
Translation Copyright ©2024 by McGraw-Hill Education (Singapore) Pte. Ltd and China Science and Technology Press Co., Ltd.
北京市版权局著作权合同登记　图字：01-2024-0980。

图书在版编目（CIP）数据

短期交易零基础攻略 /（美）迈克尔·辛西尔(Michael Sincere) 著；赵晴，饶悦译. -- 北京：中国科学技术出版社, 2025.1. -- ISBN 978-7-5236-1097-8

Ⅰ . F830.91

中国国家版本馆 CIP 数据核字第 2024RV9683 号

策划编辑	李清云　贾　佳	责任编辑	贾　佳
封面设计	仙境设计	版式设计	蚂蚁设计
责任校对	焦　宁	责任印制	李晓霖

出　　版	中国科学技术出版社
发　　行	中国科学技术出版社有限公司
地　　址	北京市海淀区中关村南大街 16 号
邮　　编	100081
发行电话	010-62173865
传　　真	010-62173081
网　　址	http://www.cspbooks.com.cn

开　　本	880mm×1230mm 1/32
字　　数	165 千字
印　　张	9.75
版　　次	2025 年 1 月第 1 版
印　　次	2025 年 1 月第 1 次印刷
印　　刷	北京盛通印刷股份有限公司
书　　号	ISBN 978-7-5236-1097-8/F·1326
定　　价	79.00 元

（凡购买本社图书，如有缺页、倒页、脱页者，本社销售中心负责调换）

前言
你需要知道

非常感谢你抽出宝贵时间购买我的新作，这本书是我的畅销书《走进股票》(*Understanding Stocks*)的姊妹篇。我希望能为这些非初学者股民和投资者们写一本书，因此这本书"诞生"了。

在前一本书中，我介绍了一些关于股票的基础知识，涵盖了如何买卖股票，以及如何进行基本面分析和技术分析。

而在本书中，我将内容提升了几个档次，深入探讨了股市的指标和震荡指标，研究买卖策略，介绍适合资深股民和投资者的策略。我非常高兴能够为那些追求更高级的策略、工具和想法的人士撰写这样一本书。

我会继续采用浅显易懂的语言来阐述这些观点，正是这种方式让我之前的著作广受欢迎。你读我的书，就像与我坐在餐桌旁闲聊一般。

你将学到什么

如果你在了解了股市的基本知识后希望深入了解股市，那么你就选对书了。本书兼具教育性和趣味性。我的目标是在帮你省钱省时的同时，教你增加收入和积累财富的方法。

在撰写本书之前，我用数年时间对股市进行测试和评估。我以科学严谨态度研究股市，进行了众多实验，辨别了有效和无效的策略。正是这些研究为本书带来了全新的观点和思考。我希望能与大家分享这些知识。

我的目标是帮助你深入了解股市，从而在短期或长期内提高收益。我学了相关课程，阅读了众多书籍，观看了许多视频，并与众多专业人士交流。同时，我也投资和炒股，在这些过程中，我曾犯下不少错误。因此，我可帮你规避这些失误。

归根结底，你之所以阅读本书，是因为你想赚钱，而实现这一目标的最好方法就是以投资者或股民的身份投身股市。读完本书，你将学到各种不同的方法和策略。

股市风险

作为本书的作者，我希望你明白投身股市的利与弊。交易与投资都伴有风险，这是金融市场的普遍规律。

尽管你永远无法消除所有风险，但总有办法可以将风险水平降到最低。也就是说，虽然赔钱令人痛心，但这并不会给你的全部投资带来毁灭性的影响。因此学会限制损失十分重要。

我也很现实。股市并非灵丹妙药，不能解决你所有的财务问题。很多时候，股票确实是极佳的投资选择，但我也清楚，一旦你选错股票，或者遇到大盘下挫、股市盘整，都将亏损。

我的主要目标之一是保护你的股票免受巨额亏损。你肯定

前言　你需要知道

不愿意坐以待毙。因此，我将向你透露一些大盘下挫前的预警信号。此外，我还会指导你如何在盘整和崩盘中盈利。

本书结构

在第一部分，你将学到买股策略和寻找盈利股的技巧。能够发现潜在盈利股是你成为一名短线股民或投资者的第一步。

第二部分讨论最实用的指标和震荡指标，包括移动平均线和随机震荡指标，以及它们如何生成具体的买入和卖出信号。通过与众多热门指标的创作者交流，我对这个问题有了深入的理解，并在此与大家分享。

第三部分介绍趋势跟踪和动量交易策略。我将详细解读技术信号，以帮助你做出交易决策。许多交易者采用一种或多种策略进行交易决策。因此，我也将探讨每种策略的优势与风险。

喜欢高风险高回报策略的人会对第四部分格外感兴趣。在这一部分，我将介绍当日交易、跳空缺口交易、加密货币和低价股。这些策略并非适合所有人，但学习一些总没错，可把它们当成一种娱乐。

熊市、盘整和崩盘总是会发生，因此你要做好充分准备。在第五部分，我将告诉你如何挺过动荡的股市环境，同时还能获利。我还将告诉你股市专家（包括经验丰富的投资者和做空者）是如何应对熊市的。我还会指导你如何做空。

第六部分介绍卖出股票和期权的策略，我将其称为"卖股的艺术"。在本书的最后，我会探讨如何卖出看涨期权。这个期权策略容易掌握，特别适合那些持有股票并希望将其出租给他人的投资者。即便你对期权交易不感兴趣，只要你想增收，这个策略也同样适用。

最后，我提出了一些建议，指导你下一步应当采取什么行动，并提供了获取更多优质资源的渠道以及指标术语表。

开始行动

现在是投身股市的绝佳时机。你拥有前几代人梦寐以求的先进技术、工具和设备。

最重要的是，当你读完这本书时，你将明白何时进入股市，何时全身而退，何时买入股票，何时卖出股票，以及如何避免"踩坑"。虽然策略学不完，但我希望这本书至少能帮助你成为 21 世纪成功的股民或投资者。

如何联络我

再次感谢你抽出时间来读我的书。非常感激你在众多书籍中挑选了我的书，我将竭尽全力不辜负你的选择。

我的目标是指导你如何独立赚取第一桶金。

我也希望你能像我一样学习更多股市知识。最后，如果你对我的书有任何疑问或发现任何错误，请随时给我发电子邮件，或访问我的网站。我期待你的反馈，且会尽快给予回复。

现在，让我们开始阅读吧——有许多东西值得我们去学习！

目 录
CONTENTS

第一部分　买股艺术

第一章　寻找盈利股　003

如何找到盈利股　004

买股的思路　005

第二章　买股策略和战术　015

思路1：逐步加仓　016

思路2：逢低买进　018

思路3：高买高卖　020

警告：不要加倍下注　021

试探的力量　023

风险回报计算　023

买股前练习　024

第二部分　技术指标和振荡指标

第三章　移动平均线　030

股民如何使用移动平均线　034

移动平均线不能预测：它们滞后　035

趋势的斜率　036

强大但不完美　037

支撑位和压力位　038

控制权争夺战　040

观察成交量　040

绘制趋势线　041

第四章　异同移动平均线　043

异同移动平均线　043

异同移动平均线直方图　048

第五章　相对强弱指数　057

相对强弱指数的原理　058

没有波动率？我们有一个问题！　061

愚蠢的统计信号　062

顺应行情　063

使用相对强弱指数的交易策略　064

第六章　布林线　070

布林线　070

股民误用布林线　077

关于布林线　079

第七章　随机指标　084

随机指标的基本原理　085

什么是随机指标　085

什么是超买和超卖　090

什么随机指标最好　091

使用随机指标跟踪动量　092

80-20 交叉策略　093

并非完美的振荡指标　095

慢速、快速与完全随机指标　095

第八章　K 线图　101

K 线图　102

K 线图形态　107

识别 K 线图形态　115

第三部分　趋势和动量交易策略

第九章　短期趋势交易　126

像一块磁铁　128

趋势破位的技术指标　130

趋势交易失效　130

市场中最强势的股票形态：压路机　131

第十章　动量交易　140

趋势交易和动量交易　142
跟随趋势　142
如何找寻动量股票　143
动量交易策略为何有效　144
动量交易建议　146
什么？要我卖出股票？　147
动量股民的心态　148
动量耗尽时　150

第四部分　高风险、高收益的交易策略

第十一章　当日交易策略　154

当日交易规则　155
当日股民的生活　156
当日交易信号　156
当日股民寻找什么股票　159
一位当日股民的故事　161
当日交易注意事项　164

第十二章　跳空缺口交易　167

交易突破缺口　170
绝不贸然跃入跳空缺口　172
请勿在开盘前 5 分钟进行交易　174

目录

    何时卖出　175
    当跳空缺口交易出现问题时　175
    特斯拉：跳空缺口股民的梦中情股　176
    难以预测　177
    逆跳空缺口交易：风险越高，回报越高　177

第十三章　加密货币　184

    加密货币　185
    储存加密货币　186
    加密货币的类型　186
    央行为何不青睐加密货币　187
    加密货币的特点　187
    加密货币的风险　188
    加密货币存储在哪里　189
    加密货币诈骗　189
    加密货币的历史　190
    加密货币的未来　190
    我的邻居利奥的故事　192

第十四章　低价股　194

    交易低价股　194
    如果你坚持炒低价股　196
    低价股的风险　199
    低价股骗局　199
    抬高抛售　200

V

第五部分　盘整、崩盘和熊市

第十五章　做空　207

做空的基本概念　208

做空示例　208

潜在的风险　209

如何挑选做空的盈利股　211

做空你熟悉的东西　214

"必然下跌"的误区　215

技巧与窍门　216

大空头　217

用反向交易所交易基金做空股票　218

第十六章　熊市策略　222

定义　223

崩盘之日　225

在废墟中寻找机会　226

熊市心理学　230

战斗还是逃避　231

在熊市中应该卖出股票吗　231

留意反弹　232

熊市期间的行动策略　232

不可消沉　233

第十七章　专业人士如何应对熊市　238

彼得·林奇　238

约翰·博格尔（John Bogle）　240

马克·D. 库克　241

第六部分　卖出股票和期权

第十八章　卖股的艺术　256

卖出股票　257

须适时打破规则　259

制定卖股计划　261

第十九章　卖出看涨期权　268

为什么要交易期权　268

卖出看涨期权　269

学习期权词汇　270

如何卖出看涨期权　271

卖出你的第一个看涨期权　272

如果你还不确定如何卖出看涨期权　274

深入探索　274

例1：卖出看涨期权　275

例2：卖出看涨期权　276

如果你想卖出看涨期权　279

结语　现在你可以做什么　281

　　　真诚的建议　282
　　　该说再见了　284

资源　287

指标术语表　291

第一部分

买股艺术

在本书中,我将作为你的私人向导,为你指引通向罗马的条条道路。第一步是找准要买的股票。

买股是一门艺术。炒股有技术的一面,即技术分析(你将在第二部分学到这一点),也有艺术的一面,即准确解释信号以及在正确的时间进行正确的交易。在第一部分,我将展示许多有用的策略。

炒股的难处不仅要获利,还要持续获利。这对股民来说是一个挑战。举个例子,假设两个选股高手沃伦·巴菲特(Warren Buffett)和彼得·林奇(Peter Lynch)告诉你,他们看好 YYY 公司(编造的公司)。这家公司的收益预计将在未来几年大幅增长,他们建议你买入 YYY 股票。

第二天早上开市之后,你登录账户并购买 400 股 YYY 股票。猜猜会如何?在一个月后的今天,你很可能不仅没有获得你梦寐以求的巨额利润,反而赔了一大笔钱。

这个故事在股民圈子里非常普遍。有些股民和投资者选对了优质股票，但却挑错了买入时机。有些抓住了买入的好时机，但却眼睁睁地看着所有的利润打了水漂，因为他们忽略了卖出信号。还有些股民和投资者买了股票后太着急，在股价还没上涨时就急忙抛售了。

学会买股的技术（技术分析和基本面分析）容易，但要学会如何买卖股票实现盈利就很难了。如果你对某只股票的感情过深，或者误解了技术指标，你的收益结果很可能不理想。

而好消息是，通过阅读正确的股票交易书籍（具体哪一本我不清楚）并以其指导实践，你能够提升自己的交易技能。赚钱不是个轻松的活儿，但我会告诉你怎么做。潜力股无处不在。关键在于学会如何辨别优劣，区分盈利股和垃圾股。

你也许会问，既然找到盈利股这么容易，为什么不是人人赚钱呢？这是一个好问题。在本书的最后，我希望你也能成为幸运的股民和投资者中的一员，且不仅能找到盈利股，还能从中赚钱。

现在，让我们开始学习如何寻找盈利股。

注意：我想你已经知道如何通过输入指令来买卖股票。如果不知道，请参见我的另一本书《走进股票》。在那本书中，我详细讲解了买卖股票的过程。

第一章

寻找盈利股

如果选错了股票,无论策略、设备、技术指标多么好,你都注定赔钱。因此,对股民或投资者来说,成功的关键是找到盈利股。这就是大家将在本章中学到的东西,其重要性不言而喻。

发现盈利股的方法很多。不少股民使用技术分析,一些查看基本信息,另一些使用券商提供的交易软件对股票进行筛选。没有最好的方法,只有最适合自己的方法。

在找到盈利股之前,你需要建立一套判断标准。显然,炒股的人对于哪些是盈利股有不同的看法。在正确的时间选择正确的股票是成功的关键。如果能做到这一点,你就能在一天、一周、一个月或更长时间内大赚一笔。然而,如果你选择了一只赔钱的股票,无论你的炒股经验多么丰富,赔钱的可能性都很高。无论是电视宣传得多么天花乱坠,还是不太懂行情的熟人向你推荐股票,你都必须保持谨慎。这些股票大都是垃圾股。(这些股票应该首先放入观察表,具体策略详见本章末尾。)在本书中,我将告诉你找到盈利股,避免选到垃圾股的各种方法。我经常会提到一些过去表现不错的股票。请注意,虽然了解某只股票的过去表现很有益处，但我的重点是帮助你找到未来能盈利的股票。随着经济状况的变化和时间的推移，潜力股也会随之变化。本书中提到的许多盈利股可能会沦为垃圾股。因此，标准的选择是非常重要的。

如果你无从下手，不要担心。在这一章中，我将给出买股的一些思路。这些思路可被用于本书所涵盖的任何策略，包括趋势交易、动量交易、波段交易和仓位交易。你应选择适合自己策略和方法的股票。

如何找到盈利股

前面我们看到，盈利股无处不在。金融网站、杂志文章、基金经理和电视名人都会抛出许多选股理论。几乎每个人都有自己的炒股秘诀，而且他们还乐意与你分享。

下列标准可以帮助你寻找有潜力走高（或走低，如果你做空市场）的强劲股票，这些股票是股民或投资者的宠儿。

> **注意**：不要仅局限于买股票。许多股民更喜欢买交易所交易基金。最受欢迎、最具流动性的三只交易所交易基金分别是 SPY、QQQ 和 IWM，它们分别跟踪标准普尔 500 指数、纳斯达克指数和罗素 2000 指数。你还可以交易单个行业板块，如技术、零售、制药或大宗商品。

尽管我会向你展示如何找到盈利股，但除此之外，你还可以使用券商提供的交易软件进行筛选来找到符合你设定标准的股票。你还没有任何标准？别担心，等你读到第二部分时，你就会有很多的想法。

买股的思路

下面的思路会启发你找到盈利股。写交易日记，即记录新的潜力股。一些最好的想法来自你购买的产品、选择购物的商店和享用的服务。

思路1：寻找创造52周高点或低点的股票

寻找盈利股的一个最简单的方法是查看创造52周新高或新低的股票。这些股票在券商公司的软件或许多投资网站上都能找到（如道琼斯旗下新闻网站MarketWatch，雅虎财经，谷歌财经，巴伦周刊，华尔街日报，Barchart，美国有线电视新闻财经网和美国股票网站Market Chameleon）。

处于或接近历史高点的股票最受关注。52周处于高点的股票对动量股民和趋势股民来说就像"蜜蜂看见了蜂蜜"，他们经常在历史高点附近买入股票。但反向股民也可能做空这些股票。

共同基金和对冲基金等机构也对这些股票感兴趣。每个季度末，许多基金经理都会买入创出历史新高的股票。持有盈利股反映了基金经理的智慧,这不仅能让客户满意,还能吸引新的投资者。

思路2:寻找成交量高的股票

成交量高的股票通常会吸引短线和长线投资者的关注。成交量是推动股价上升或下降的关键因素。成交量越高,趋势越明显,人们越有可能买入这只股票。

购买成交量高的股票有一个显著优势:它们的流动性较强(买卖都很容易)。这类股票交易非常活跃(日成交量超100万股)。相反,流动性不足的股票通常存在较大的买卖价差,这使你在交易时难以获得理想的成交价格。

因此,寻找成交量高于正常水平的股票至关重要。高成交量的强大动能使得这些股票在牛市期间势如破竹。这些股票很可能就是盈利股。

你还需要关注成交量"相对"较高的股票。这些股票近期的成交量增长非常大(如通常成交量为100万股的股票现在的成交量为1000万股)。机构投资者很可能已经发现了这只股票。有大机构支持的股票一般都是好股票。

注意:有些股民没有兴趣购买最知名和交易最活跃的股票。相反,他们更喜欢使用动量策略购买鲜为人知的低价股票。

其中一些低流动性股票很容易买到,但很难以有利的价格出售。一些股民喜欢这些策略和股票，因此我会在第十章讨论购买动量股的利弊。

思路 3：在盘前找到上涨的股票

这里有一种策略：关注那些盘前已经上涨了 1%~2%（甚至更多）的股票。这些在开盘时涨幅达到 1%~2%（或 1~2 个百分点）的股票，很可能会在整个上午持续上涨，甚至可能持续上涨一整天或更久。

但我也不能保证它们会在开盘后继续上涨，因为这在很大程度上取决于整个股市环境。此外，一些股票在开盘时表现强劲，但后面会逆转。

相对而言，找到早期盈利股相对容易。困难的是找到全天或整周持续走高的股票。显然，找到盈利股只是你的第一步。你需要阅读整本书，学习如何在正确的时间买入和卖出。你需要技术分析的指导。

重要提示：股票开盘走高并不是让你买入的充分理由。你需要关注盈利股并确定哪些股票最有潜力。你不应该追逐股票，尤其是那些在开盘时走势极高的股票（跳空股票）。有些股票在开盘后飙升，但随后就停滞不前并急转直下。

开盘时表现强劲并得到牛市环境支撑的股票，极可能全天持续上涨。这些股票通常是真正的盈利股，能在一整天内（甚至更久）持续上涨。

交易提示：若你决定买入这些股票，一定不要在开盘后的前五分钟内（业内人士称之为"业余时间"）买入，这是个常见的错误。开盘时股市上的交易混乱，价格波动剧烈，不理想的交易容易出现。具体的购买策略将在第二章中详述。

注意：一些列出盘前走高或走低的股票网站有MarketWatch、MSN Money、雅虎财经、谷歌财经、Market Chameleon 和 Barchart。

思路4：在交易区间中识别股票

一些股民或短线投资者倾向于寻找在可预测的交易区间内波动的股票（如每股40~50美元的股票）。运用这一策略，他们会在股价靠近区间下限（40美元）时买入，在接近上限（50美元）时减持或卖出。

好消息是，总有这样的股票等着我们去发现。要寻找好股票，请浏览长线股票图。

在过去，通用电气和IBM都是理想的投资选择。投资者可以在交易区间的低位买入，在高位卖出。多年以来，这些股票都在一个确定的区间内波动，而不会向下或向上突破这个区间。

有时，在交易区间内交易的股票会大幅走高（它们突破了区间的上线），这让投资者和股民都感到高兴。近年来，苹果、Alphabet、美国奈飞公司等股票一路飙升，突破了压力位。

注意：在一个交易区间内交易的股票既有支撑位又有压力位。我们将在第三章讨论这个问题。

在上面的例子中，40美元是支撑位，50美元是压力位。当一只股票突破压力位时，许多股民和投资者就会对公司的短期和长期前景感到兴奋。许多人认为这是一个买入的机会。

思路5：购买稳定的股票

找到一只稳定的股票，让人心满意足。这类股票沿着一个平稳且相对稳定（通常是上涨）的轨迹运动，且波动不大。沃尔玛、美国家得宝、劳氏和强生等公司的股票便符合这样的标准。这些股票年复一年的上涨，投资这类股票无疑是盈利的好选择，稳定的股票能够持续产生稳定的收益。

要留意那些基本面极佳、处于上升趋势的股票，它们往往是大机构青睐的知名股票，但对于一些散户来说，它们往往不够刺激。

银行和保险公司的股票往往是极佳的选择。它们正是沃伦·巴菲特偏爱投资的那类股票，尽管一些可能显得乏味无趣。这些股票或许不如一些股民追捧的"热门"股票那样光鲜亮丽，但只要它们保持上涨趋势，持有这些股票也是不错的选择（许多股票还有可观的股息）。

警告：这里提及的许多股票在某一时刻是理想的股票，但让它们在未来一定会表现出色是无法得到保证的。这就是为什么我们要持续寻找新的盈利股。

思路6：寻找相对强势的股票

寻找与整个股市走势不同的个股。例如，如果整个股市在下跌，但少数股票持平或上涨，那么你就需要关注这些股票，留意其潜在的涨势。这些相对强势的股票预示着它们优于许多其他证券。

确切地说，将一只股票的表现与某一指数、行业或另一只股票在相同时间内的表现进行比较，从而得出的一个比率，这个比率就是相对强势。在整个股市走高的股票被称为"相对强势"的股票。换句话说，该股票的表现优于整个股市或指数。

相反，在整个股市走低的股票被称为"相对疲软"的股票。这是股民的"葵花宝典"，投资者可凭此发现盈利股。

当股市在抛售后（以及股价触底后）走高时，股市中具有强大相对强势的股票往往最先反弹。它们能够从抛售中挺过来，并开始反弹。这就是为什么我们在选购股票时要理解和运用相对强势。

注意：不要将"相对强势"与"相对强弱指数"混淆。在第五章，你将了解"相对强弱指数"。

思路 7：寻找本垒打股票

在接下来的几个月里，寻找那些从进到出波动在 15% 到 25% 的股票。我们的想法是让其中一只股票施展魔力，绽放光彩。

找到本垒打股票并非易事。这类股票往往隐藏在众目睽睽之下，许多股民可能不会注意到它们。事后看来，历史上最伟大的一次本垒打交易出现在 20 世纪 90 年代苹果公司股价跌破每股 6 美元的时候。之后史蒂夫·乔布斯胜利归来，创造了苹果 iPod，剩下的就成了历史。

苹果公司的股票是一个完美的本垒打股票，但这样的机会并不常有。这也不是一笔容易的交易，因为苹果公司也有可能从此一蹶不振。

寻找本垒打股票的理想时机通常是在一次重大回撤或盘整之后。也就是寻找一只严重超卖、暂时被重创的股票。找到这些有潜力的股票，你就有可能打出本垒打。

这一策略适用于那些愿意耐心等待机遇、在特殊形势下获益的人。当其他人因恐慌而纷纷撤离股市时，你却在买入暂时受挫、价格低迷的股票。只要选对了股票，你就有望收获丰厚的回报。

交易提示：找到了本垒打潜力股后，你需要等待买入信号。在收到买入信号时，你应考虑增加成交量而不是使用一次性投资法。耐心等待买入信号十分关键。买入之后，给予股票充足的时间让它自己成长和成熟。这不是短线操作，而是中长期仓位交易（持有数月甚至更久）。耐心等待，直至达成预定的盈利目标（若未能实现目标，则适时减少损失）。

思路 8：不要忘记基本面

本书主要聚焦于技术分析。不过，在《走进股票》中，我建议你在筛选股票时，也要考虑资产、负债以及其他基本面数据。

基本面良好的股票往往能在数年间实现销售额和利润双增长，能够支付股息且负债极少。基本面数据可在券商公司的网站上查询，亦可在本书末尾参考资料推荐的网站上找到。通常，研究基本面信息是寻找投资股票的理想切入点。

著名的共同基金经理彼得·林奇利用基本面分析，在顶级公司中寻找价格合理的股票。他研究公司的资产负债表，以确定拥有哪些公司的股票。

林奇一直在寻找那些回报率是其初始成本 10 倍的股票。他称这些股票为"10 倍股"，这是他创造的术语。这些本垒打股票具有非常强劲的收益，也代表了良好的价值。

第一章　寻找盈利股

我希望你现在已经对购买哪些股票有了一些想法（在下一章讨论技术分析时，你会有更多的想法）。当确定了候选股票后，你需要时时关注它们，因此，你应创建一个观察表。

创建观察表

一个时时更新的观察表对于一名成功的股民来说是必不可少的。这个表包含了你正在跟踪并考虑持有的股票、交易所交易基金或其他证券。每家券商公司都能让你用其软件轻松创建一个或多个观察表。

例如，你可以创建特定行业（如技术或零售）的股票列表，也可以创建想购买的低价股票列表，甚至可以从爆料者那里获得股票列表。

第一步是添加符合你条件的股票。你可以根据自己的时间和精力添加股票。你的观察表可以包含数十只股票。许多专业投资者的观察表上有数百只股票。

观察表包含的基本信息有：股票报价、成交量和其他重要交易细节。你可以在平板、电脑或智能手机上查看你的观察表。

你观察表中的众多股票与整体股市的相关性极高，它们构成了你关注的核心股票。

此外，运用股票筛选器也是一种寻找潜在盈利股的方式。股票筛选器是一个极佳的工具，能够根据你输入的任何技术或基本面指标来筛选股票。在阅读本书的过程中，你会想出自己的筛选标准（例如，股价创下 52 周新高或新低的股票）。

你的券商公司应该有一个股票筛选器作为其交易软件的一部分。有股票筛选器的金融网站包括雅虎财经，谷歌财经，Barchart，MarketWatch，Finviz，MSN Money 和 Market Chameleon 等。

注意：你的观察表还应包括三个主要指数，分别是道琼斯工业平均指数（DJIA）、标准普尔 500 指数（SPX）和纳斯达克综合指数（IXIC）。你至少需要将 SPY 和 QQQ 等交易所交易基金包含在观察表。

在这一章，我分享了一些寻找盈利股的方法。在下一章，我将介绍一些可能对你有用的买股策略。

第二章

买股策略和战术

在本章,我将介绍一些买股策略。普通股民和专业人士的区别是什么?专业人士事先考虑了交易策略、战术和思路,资深股民很少会冲动地买入股票。你也不要这样做。

发现潜力股之后,许多股民会迅速买入,有时候甚至是在开盘钟响起几分钟内就迫不及待地买入。如果你发现了潜力股,不要觉得非买不可。如果你有一种想买的冲动,我强烈建议你暂时不要进行交易。要明白,"此时此刻"很少是开始新交易的最佳时机,而更可能是结束不良交易的最佳时机。出于恐惧或贪婪而买入股票,通常都会以失败告终。

有些人害怕错失良机,因此他们疯狂地买入股票。他们脑海中唯一的念头是"若不买股,就会损失多少多少钱"。这种生怕错过的病态情绪在焦虑的股民中十分普遍。

为了帮你做出买股决定,以下列出了三种买股策略,请选择最适合你的那一种。

思路 1：逐步加仓

许多股民在确定某只股票值得投资后，便会采取一次性投资法。他们根据自己的购买能力（或购买意愿）决定买入额。例如，他们可能会一次性购入 1000 股。这种做法有其优势，但将大笔资金投入任何一只股票的做法存在风险，尤其是当该股的走势与预期相反时。

逐步加仓是一种明智的买股方法。这种买股方法无须冒太大的风险，因此可将风险控制在最低水平。假设你想购买 XYZ 股票，与其一次性投资 1000 美元，不如先投资 200 美元。换言之，你可以选择在短期或长期内分批购买，每次使用部分资金。

首次购买后，不妨坐下来观察股票的表现。我建议在增持股份之前，你先观察它一段时间。如果股价稳定，你可以增持。

逐步扩大建仓是一种强大的风险管理方法，你可以放心大胆地使用。虽然你不能控制股价，但你可以控制你的交易规模。

这是控制风险的最好武器。

加仓盈利股

如果上述例子中的股票在你买入后上涨，你可以选择在合适的时机再投入 200 美元（具体建议请参阅下一节）。这种买入策略是指随着股价的上涨逐步加仓盈利股。

许多股民都奉行"低买高卖"的原则，因此加仓盈利股的策略可能与这些股民所推崇的理念相悖。如果你不能接受高价买入，那么这种逐步加仓的方法可能不适合你。即便如此，我还是建议你仔细考虑一下这个策略。

加仓策略

如果你采用了加仓策略，你可能想问什么时候加仓。这是一个好问题。实际上，在加仓过程中，最关键的交易并非首笔交易，而是紧随其后的第二笔交易。它是决定你策略成败的关键。任何一次加仓都应是经过深思熟虑的。

首笔交易相对容易，因为它是在股价上升过程中实现的。你期望股价能持续攀升，但若股价停止上涨，要迅速按既定价格减持。只要股价稳定增长，你就可以逐步加仓。

如果你对股价的走向的判断正确，那么你的持仓就会盈利。随着股价上涨，你需要在某个点上停止加仓（这个点比较难以判断）。当1000美元全部用完后，你就停止加仓。

换言之，不要盲目加仓，而要有策略地加仓。你绝不希望对一个已经超买并且存在逆转风险的盈利股票进行加仓。这是人人避之不及的牛市陷阱。

不要加仓赔钱的股票

如果你新买股票的走势与预期相反，你会庆幸自己只投入了200美元。这样一来，你的亏损只有200美元。

重要提示：如果你的首次购买遭受亏损，请勿继续加仓。在这种情况下继续加仓就是"妄图接住掉落的刀"，你不想这样做，因此，用这句话提醒自己：只有失败的人才会加仓赔钱的股票。

思路2：逢低买进

许多股民喜欢"逢低买进"，即期望在股价下跌时能以最低的价格买入股票。许多金融学校、教科书和网站都推荐这样的做法。毕竟，低价买入、高价卖出是许多股民追求的目标。

为了让这个策略奏效，你必须制定一个计划。股市已经足够疯狂：不要在没有策略的情况下盲目买入，这样会更疯狂。

一些最佳的逢低买进股票是那些你熟悉并跟踪了数周、数月甚至数年的股票。当被关注的某只股票下跌时，一些股民会逢低买进。这很简单吗？不是，经过一番深入研究你才能恰到好处地买入。

有时，冲动的买家会侥幸获利，但总会有一天他们的运气变得可能不那么好。这就是为什么要制定一个深思熟虑的计划。

提醒：如果你打算逢低买进，请使用前面讨论的逐步加仓的策略。与其一次性买进，不如在短时间内分批买进。

逢低买进的股票持续下跌该怎么办

逢低买进策略存在一个问题：如果股价在下跌后并未出现反弹，而是继续走低，该怎么办。在你意识到这一点之前，你已经遭受了不小的损失。

这时，许多业余股民拒绝卖出，甚至继续加仓。如果股票不上涨，他们就会深陷其中，亏损多年也不敢割肉。

一些股民声称，他们这么做的目的是平均成本，也就是说，在一个固定的时间段内长期投资固定金额。很抱歉，这样做不能摊平成本。

这里提供几点建议：若交易对你不利，停止买入并及时退出。切勿在亏损后继续投入资金。

注意：逢低买进是一种把握市场时机的策略，目的是利用短期的价格回调盈利。股民计划通过低买高卖来获利，并积累更多的股票，但价格不可能一直下跌，等待价格进一步下跌并非上策。

逢低买进失效该怎么办

逢低买进策略有效的前提是股市在大多数时间里呈上升趋势。然而，在熊市期间，这一策略行不通。如果你在股市持续下跌时逢低买进，你就会后悔。

在抛售股票之际，众多金融专家会劝你逢低买进，因为它们"降价了"。也有人声称,股票"太便宜,根本卖不出去!"

我想强调一点:逢低买进本身并无不妥,关键是要采取正确的方法。运用本书介绍的工具和策略,这将比道听途说的建议或冲动的交易可靠得多。

注意:杰出金融家和交易员伯纳德·巴鲁克(Bernard Baruch)曾打趣道:"不要企图抄底买进或者抄顶卖出,这是不可能的——只有骗子才能做到。"他还说,他成功的秘诀是"总是过晚买入,过早卖出"。

我提及这个例子,是想帮助你从不同的角度来思考股市。仅仅因为华尔街的人告诉你要低买高卖,这个策略并不能被证明总是正确的。

思路3:高买高卖

那些喜欢逢低买进的人会对高买高卖的策略感到反感。只要你不追涨(追涨其实并不难实现),高买的策略是有效的。读完本书后,你将能清晰地区分高买和追涨。但如果你误入追涨陷阱,就会遭受严重的损失。

如果你打算在股价上涨时买入股票,那就去观察那些处于或接近52周新高的股票。这么做是为了利用强劲的上升势头。有时,一些股票可能会连续数天、数周、数月乃至数年不断攀升。如果你能够把握住这样的盈利股,你将能在相当长的时间里盈利。

买高的风险

如果你在高位时买入股票，你就是在赌运气，希望涨势能够持续。如果真的如此，那么这个策略就会非常有效。

然而，当股票处于超买状态时，任何负面新闻或其他意外都可能导致股价下跌。当做空的人摩拳擦掌，准备向那些涨得过快、过猛且面临逆转风险的股票发起攻击时，投资者需要对自己的策略和股票保持坚定的信心。

在盈利股的高点买入并目睹其不断攀升是一件令人愉快的事情，但务必要妥善控制风险。也就是说，不管你多么钟情于这只股票，你都不应该过量持有。

注意：为规避风险，务必优先考虑风险，再考虑收益。也就是说，要耐心等待一个良好的入市时机（通过技术分析来判断）。我们的目标是成为股市上最有策略的股民。

警告：不要加倍下注

你想迅速输掉所有的钱吗？那就效仿那些业余股民的策略，他们试图通过翻倍下注来提高风险和收益。判断正确时，他们自认为是天才；然而一旦判断失误，他们便会遭受巨大损失。根据概率学的统计，加倍下注策略的胜算往往不在你这边。

更糟的是，一些股民在他们自认为的盈利股上投入了超出自身承受范围的巨额资金。有时他们赌赢了，有时他们赌输了，但从长期来看，他们很可能会一败涂地。在一只股票上孤注一掷并不是交易，而是赌博。还有一种危险的做法是急于一夜暴富的投资行为。

臭名昭著的投资者杰西·利弗莫尔（Jesse Livermore）因多次遭遇暴跌而三次破产。然而，1929年10月，在股市空头行情中，他却逆势获利，在股市崩盘后的一周内赚取了超过1亿美元的收益。这是他职业生涯中的最大一笔收入，也让他一跃成为世界上最富有的人之一。

问题在于，他无法停止加倍投资。虽然利弗莫尔已是世界上最顶尖的选股高手之一，但他还是采用这种高风险策略持续投资股票和大宗商品。最终，不到五年，他积累的所有财富都付诸东流。

注意：赌徒才会加倍下注，股民不会。判断正确时，回报可能非常可观，但一旦判断失误，你的账户资金就会清零。依赖运气在股市中获利是不明智的选择。

试探的力量

我从利弗莫尔的投资方法中获得了一个启示,那就是检验或试探一只股票是否值得投资。这个方法类似于逐步扩大交易规模,即刚开始通过少量的买入来试探这只股票的走向。如果盈利,就逐步增加投资额。

逐步加仓与试探的不同之处在于:逐步加仓是在一定时期内均匀投资;而试探则是在首次尝试成功后,追加更多的投资。

试探是一种极佳的试水方式,同时能将风险降至最低。1929年股市崩盘前,利弗莫尔在做空方面进行了数月的试探。当他试探性地做空且终于盈利时,他靠保证金一头扎进股市,获得了巨额利润。

试探的意义在于,它能让你以较小的风险去寻找有盈利潜力的股票和合适的入市时机。只要你明白,"完美"的价格是不可能的,试探便能帮你躲避过早买入和过晚买入的困境。

风险回报计算

在交易前,计算风险回报率是明智之举。一个不错的参考是1∶2的风险回报率,而1∶3的风险回报率则更为理想(即冒1美元的风险有可能获得3美元的收益)。

这种方法要求确定股票的买入价、止损价和目标价。你不能任意定价,设定目标利润必须有合理的依据。

例如，你以每股 50 美元的价格购入 XYZ 公司的股票。按照 1∶3 的风险回报率，你计划在每股盈利 3 美元时抛售。为了执行这一策略，你设置了两个订单：一个是以 53 美元的价格卖出的撤销前有效的卖出单，以锁住潜在的盈利；另一个是以 49 美元的价格卖出的撤销前有效的止损单，以此将潜在亏损控制在每股 1 美元以内。下面是这个交易策略的具体内容。

- 买入价：50 美元
- 止损价：49 美元
- 目标价：53 美元

注意：风险回报计算是灵活的，具体数值依赖于采用的策略。股民应在买股前计算风险回报率，将其作为判断交易是否划算的依据。

买股前练习

现在，你已经掌握了一些买股策略（本书后续章节还会介绍更多的策略），你可以利用券商公司提供的软件来进行模拟交易练习了。

我坚信，通过模拟交易账户来练习交易是非常有益的。你可以利用券商公司提供的软件来进行模拟交易，从而检验各种策略的有效性。这也有助于提升你的交易技能。

在模拟驾驶之前，你会随意让别人驾驶飞机吗？显然不会。在开始实际交易前,最好先利用模拟账户来熟悉券商公司的操作程序。熟悉券商公司的交易平台能有效降低交易过程的错误(如按错按钮或输错股票代码)。并非人人都喜欢这样做,但其益处显然大于弊端。

注意:如果你的券商公司不提供模拟账户,你可以在网上寻找虚拟交易平台。在一个很棒的免费模拟平台,你可以免费体验美国券商公司 TD Ameritrade 的 thinkorswim 软件 60 天。这款软件向全球用户开放。如需了解使用该软件的详细信息,请联系你的券商公司。

盈透证券(Interactive Brokers)也为股民提供了免费和强大的模拟交易平台(没有账户也没有关系)。股民可登录其公司网站了解详情。其他提供模拟交易服务的券商公司有交易平台 TradeStation、亿创理财(E*Trade)和微牛证券(Webull)。据我所知,未来会有更多的券商公司推出此类模拟交易业务。原因何在?因为客户的需求。

除了券商公司,道琼斯旗下的新闻网站 MarketWatch 还通过"虚拟证券交易所"提供模拟交易游戏,报价延迟 15 分钟,初始游戏资金为 10 万美元。

投资百科(Investopedia)同样允许用户创建一个

拥有100万美元初始资金和15分钟报价延迟的模拟交易游戏。

注意： 你应该明白，有些股民并不想进行模拟交易。他们认为，当交易不涉及真实资金风险时，你就无法切身体会亏损之痛。因此，一个更为合理的做法是，只用你通常股票仓位的10%~20%进行实盘交易（即小额交易）。

市价单还是限价单？

我在上一本书中详细讨论了市价单、限价单和止损单。这里，我认为还是有必要做一个简短的回顾。

市价单与限价单

市价单就像买车时按照汽车经销商的标价付款，不讨价还价，直截了当付款提车。

股票也是一样，用市价单买入一只股票时，你只需支付最低的挂牌价，无须讨价还价便可快速获得股票。

通常，使用限价单购买股票（或汽车）是较为理想的做法。你能控制订单，说出自己心目中的价格。下单时，你可以指定最低卖出价或最高买入价，而这个价格通常位介于买价和卖价的中间。

人们使用市价单的主要原因可能是他们想立即成交。或许他们迫切想持有股票，因此价格并不是他们首要考虑的事情。在这种情况下,市价单确实是个不错的选择。

对于那些不愿意支付商品标价的人来说,限价单是最佳选择。

现在,你已经掌握了各种买股策略,该翻开下一章,深入了解技术指标和振荡指标了。在接下来的章节里,你将了解一些极为实用的技术指标和振荡指标,它们将帮助你做出更明智的买卖决定。

第二部分
技术指标和振荡指标

如果你读过我之前那本《走进股票》的书，你就已经掌握了技术分析的基础知识。在这一部分，我不教你基础知识，而是教你如何使用这些指标：移动平均线、异同移动平均线，相对强弱指数，布林线指标，随机振荡指标和K线图。这些指标非常重要。

除了学习如何最大限度地使用这些工具，我还将介绍从专家（包括创造这些指标的专家）那里学到的一些技巧和观点。我会分析这些技术工具的优点和局限性。

你会选择使用指标还是依靠直觉？在我看来，虽然使用指标花费的精力更多，但它是一个更好的选择。

不使用指标就像驾驶没有仪表盘的飞机。虽然也可以飞，但增加了不必要的风险。技术分析不是万能的，也不是唯一的方法。但这些工具提供了有价值的信息。许多股民把它们作为风险管理和时机选择的工具。

我首先介绍一个功能最强大、使用最广泛的指标：移动平均线。

第三章

移动平均线

移动平均线连同支撑位和压力位,是技术分析的核心。使用移动平均线是评估股票最流行的方法。

在这一章,我将解释如何使用移动平均线以及支撑位和压力位来进行交易。职业股民,尤其是主要金融机构的趋势跟踪者,也会关注这些重要的指标。移动平均线非常重要,因为它们能让股民把握正确的趋势。许多股民使用移动平均线来帮助自己掌握进入和退出股市的时间。

如果你不熟悉移动平均线,请读下面的简介。

移动平均线

移动平均线易于使用和解释,旨在给出重要的信号。即使是那些通常不关注技术指标的基本面投资者,也会关注移动平均线,尤其是200日的移动平均线。

移动平均线显示证券在一段时间(如过去20日、50日、100日或200日)的收盘价。如果将移动平均线放在股票或指数的顶部,你可以找准股市方向。

平均线是"移动的",这是因为陈旧的数据点每天都会被新的数据点替代。从技术上讲,移动平均线是过去50日(或其他设定天数)的平均收盘价。这就是说,第51日加进来后,第1日的数据就会被删除。

数据在不断变化,因此称为移动平均线。周而复始,一条平滑的线就显现出来了。趋势追随者更喜欢追随移动平均线,因为他们可以快速找准趋势的方向并觉察出潜在的逆转。

股民使用移动平均线来帮助他们决定何时买入或卖出。例如,短线股民可以使用14日和20日移动平均线来寻找信号。波段股民可以使用50日移动平均线。

长线投资者倾向于使用缓慢的200日移动平均线作为买入和卖出的信号。200日移动平均线给出的信号并不频繁,但当该移动平均线被穿透时,股民就会密切关注。

例如,一个简单有效的交易:指数高于200日移动平均线时买入,跌破时卖出。这种简单的策略在过去产生了稳定的利润,但不能保证它在未来会一直奏效。

虽然你不能仅仅根据移动平均线(或任何其他技术指标)做出所有的交易决策,但该指标仍然是有史以来最有效的指标之一。如果要我选择一个指标来帮我做出交易决策,我会选择移动平均线。

简单移动平均线和指数移动平均线

使用最广泛的两条移动平均线是简单移动平均线和指

数移动平均线。技术人员指出，指数移动平均线对价格更敏感，因为其最近收盘价权重更大。简单移动平均线对股市波动的反应稍慢，因为收盘价的权重相等。换句话说，每个收盘价都被同等对待。

最流行的移动平均线是简单移动平均线，主要是因为它是大多数图表程序的默认设置。简单移动平均线很可能会满足你的需求。如果你有时间，请尝试两种移动平均线，看看哪一种更适合你的交易风格。在交易时只使用一个（切记是一个而不是两个）移动平均线来帮助你决策。

图3.1是道琼斯工业平均指数跌破20日、50日和100日移动平均线后升至上方的三个月图。

你已经对移动平均线有了基本的了解，现在我想向你展示如何生成可操作的信号。如果做得正确，利润应该会增加。如前所述，移动平均线旨在让你紧跟正确的趋势。

1. 买入。如果指数或股票突破其50日、100日或200日移动平均线并保持在上方，则为买入信号。用其他指标来确认该信号。

2. 卖出。如果指数或股票跌破其50日、100日或200日移动平均线并保持在下方，则为卖出信号。用其他指标来确认该信号。

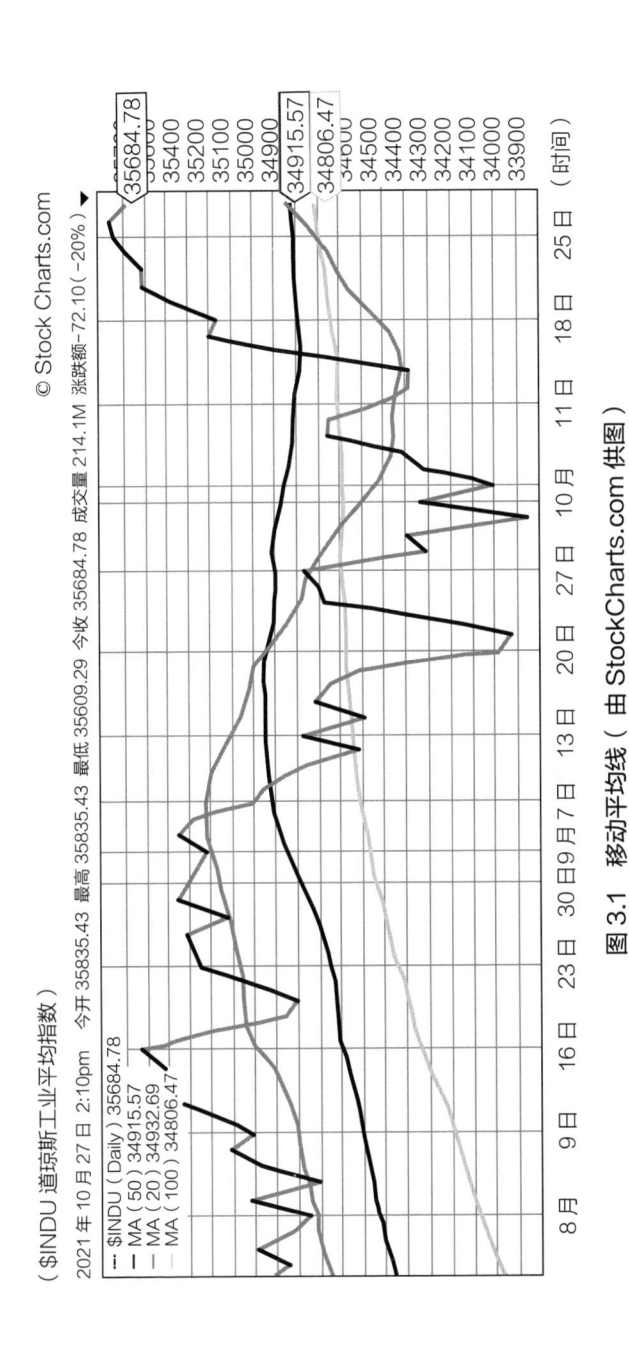

图 3.1 移动平均线（由 StockCharts.com 供图）

股民如何使用移动平均线

短线股民更喜欢使用短期移动平均线（如 14 日或 20 日移动平均线），因为它会产生较早的信号。请记住，看到频繁的信号并不意味着交易会获利。很可能会有稳定的错误信号。

波段股民（在 3 到 5 日内买入和卖出的股民）使用日线图上 50 日移动平均线。50 日移动平均线是一个预警指标。如果股价保持在 50 日移动平均线上方，波段股民往往会长期持有该股票。但当股价跌破 50 日移动平均线时，一些股民会卖出该股票。

长线投资者倾向于将日线图和周线图上的 100 日或 200 日移动平均线作为信号。当股票升至移动平均线上方并保持在上方时，他们会买入该股票，当股票跌破移动平均线并保持在下方时，他们会卖出该股票。

提示：周线图会给出更平滑、波动率更小的信号。

有时，一只股票会跌破其移动平均线，引发大量抛售。一旦移动平均线跌破 20 日移动平均线，假如价格继续下跌，接下来的 50 日移动平均线很可能会受到威胁。同样，100 日移动平均线也可能面临压力。每种情况都不同，这取决于股票的价格历史。

如果一只股票跌破其 200 日移动平均线并保持在下方，并且移动平均线的斜率转向下方，许多股民认为这是一个确定的卖出信号。

这是交易艺术性的一面，因为每个股民都有自己的一套准则。遵循移动平均线等指标的一个主要原因是，它会帮助股民做出冷静的交易决策，从而更有效地管理风险。

注意：股民倾向于使用更短的时间段来获取移动平均线。例如，他们可能会在 5 分钟、15 分钟或 60 分钟图上使用 20 日或 50 日移动平均线。我的建议是尽量简单，直到找到适合你交易风格和策略的移动平均线时间段。

移动平均线不能预测：它们滞后

移动平均线很强大，但它们不是水晶球，无法预测未来。移动平均线是一个"滞后"指标。虽然它们确实发出了行动信号，但它们经常迟到。一只股票处于上升趋势并持续走高，但这并不意味着这个趋势会继续下去。

注意：如果你想找准潜在的逆转，请使用随机振荡指标（详见第七章）。

趋势的斜率

许多股民对移动平均线的斜率或角度没有给予足够的关注。这是不对的。斜率反映了趋势是否可以持续或是否可能出现逆转。

看看一条移动平均线的角度或斜率是否陡峭，如果一条移动平均线平坦，则表明动能正在下降，股价可能会逆转。规避风险的股民希望尽早卖出。

如果移动平均线的斜率陡增，该股票很可能会"大跳水"。当一只股票濒临死亡时，继续投资是有风险的。股民应经常提醒自己：不要妄图接住掉落的刀。

相反，如果斜率几乎是垂直的，那么做空股票（赌股票会下跌）是不当行为。基础证券最终会耗尽自身并实现逆转，在此之前，请不要做空任何涨势像火箭的股票。

移动平均线交叉策略

一只股票（或指数）越过一个或多个移动平均线的上方或下方时，这是有效的买入或卖出信号。具体来说，当两条移动平均线交叉时，一些职业股民会选择卖出股票。

例如，当50日移动平均线越过200日移动平均线下方时，就会形成一个看跌的技术触发因素，被称为"死亡十字"。

死亡十字

金融人士称，死亡十字一直是一个相当可靠的指标，预测了历史上一些最严重的股市抛售事件，如1929年、1938年、1974年和2008年。

这也并不是说这个罕见的信号是100%准确。不过，当这种不祥指数出现时，在做出任何冲动的卖出决定之前，看看其他指标总是明智的。

即使你不迷信，但如果你的图上突然出现一个死亡十字（这将是财经媒体的大新闻），你可能也会做出一些迷信的举动，如在当天交易前敲木头和不照镜子。采取预防措施永远不会有什么坏处——以防死亡十字的警告是真的。

注意：看涨的长期信号是"黄金十字"，50日移动平均线越过200日移动平均线上方时就会出现。

如果你看到其中一个十字正在形成，请首先看斜率，这比十字更重要。如果死亡十字的斜率略微看跌，你仍然可以持有股票，但要密切关注任何异常情况。

强大但不完美

虽然移动平均线是一个强大的工具，但不要把你所有希望和梦想都寄托于这个指标。这很容易过早或过晚进入股市，或你被信号误导。解决办法是将指标汇合在一起，因为它们合在一起能够帮助你更准确地了解你股票的过去和未来。

畅销书作家兼股民托尼·特纳（Toni Turner）这样说："指标就像交响乐中的不同乐器。虽然乐器各不相同，但它们合奏时会形成一首完整的乐曲。哪怕一个乐器走调，整首音乐的和谐都会受到影响，这也是你需要注意的地方。"

提示：现在你对移动平均线有了更多的了解，你可能想看看你的股票与移动平均线的关系。

支撑位和压力位

股票图上有特定的价格，股票或指数的买卖活动使股票难以突破该水平。股票可能会突破价格水平或逆转方向。

这些价格被称为支撑位和压力位。把支撑位看作是"地板"，把压力位看作是"天花板"。当一只股票的交易价格达到或接近支撑位时，记得这个价格（股价没有走低）的买家相信这个价格会再次保持。因此更多的买家会购买股票。只要这些买家没有被卖家压倒，支撑位就会保持，股票不会走低。

相反，当股票交易处于或接近压力位时，相信该价格将保持的股民会卖出股票。只要这些卖家没有被买家压倒，压力位就会保持，股票就不会走高或者被排斥。

假如你拥有 100 股 YYYY，交易价格为每股 44 美元。在股票图上，YYYY 至少三次试图升至每股 44 美元以上。但每次都失败了。技术人员表示，44 美元是一个压力位。由于 YYYY 此前未能突破 44 美元，涨势可能再次"油尽灯枯"，并有逆转的风险。

而如果 YYYY 突然跌至之前无法穿透的区域，则该价格为支撑位。例如，如果 YYYY 至少两次跌至每股 40 美元并且无法进一步下跌，那么 40 美元就是支撑位。如果股价能够保持在每股 40 美元的支撑位上，这就是一个积极的信号。一些股民认为该价格是短期买入信号，期望价格能涨到 44 美元。

注意：大多数技术人员使用移动平均线和趋势线来找出支撑位和压力位。通常，50 日、100 日和 200 日移动平均线充当主要的支撑位和压力位。

提示：支撑位和压力位通常以整数出现。该理论认为，散户投资者和股民通常出于方便而以整数买卖股票。许多股价都是整数，这些价格可作为支撑位和压力位。这是心理因素在起作用，许多人喜欢以整数买入股票或获利。

这一点可为我们所用。买股票时，不要买整数价格的股票。

控制权争夺战

考虑支撑位和压力位的另一种方式是争夺股价控制权。在支撑位,买家多于卖家,因此供小于求,支撑位往往会保持。在压力位,卖家多于买家,因此供大于求,压力位往往会保持。在这两种情况下,股票都可能逆转方向。

短线股民不断看图以确定股票是突破支撑位还是保持在支撑位。当技术人员注意到股价跌破支撑位时,他们通常会卖出全部或部分多头头寸来降低风险。

相反,当一只股票突破压力位并保持在压力位上方时,它往往是一个重要的买入信号。这意味着买家多于卖家。当技术人员注意到股价突破压力位时,他们会逐步加仓。

股民还必须警惕假突破。例如,当股价突破压力位并且以势不可挡的趋势持续上涨时,一些没有耐心的股民认为股票会继续走高,从而买入更多股票。

在他们买入更多股票后不久,股票出乎意料地逆转走低。这种情况经常发生。幸运的是,你可以使用止损单和技术指标帮助你减少损失。

观察成交量

每日成交量也是一个需要考虑的因素,即任何一天成交的股票总数。成交量由任何股票图底部的垂直直方图条显示。

使用成交量来确认突破是个好主意。当成交量无法确认突破时，你可能会错过一些有利可图的交易，但它也可以帮助你避免一些糟糕的交易。

成交量越大，信号越重要。换句话说，如果支撑位保持在每股 40 美元且成交量高于正常水平，那么在价格突破支撑位之前进行看跌押注是不明智的。目前下跌已经停止，股价反弹走高的可能性很大。

提示：将成交量纳入你的分析，因为它表明趋势的强弱。在关键价格水平上，当买卖双方争夺控制权时，从众心理通常会发挥作用。

绘制趋势线

找准趋势方向（向上、向下或横向）的一种简单方法是使用经纪软件上的绘图工具绘制趋势线。初学者倾向于用肉眼看，这种方法有效但不太理想。

许多投资者和股民犯的错误是没有注意到趋势线被打破。这是一个重要的危险信号，表明股票或股市发生了一些变化。它甚至可能是一个"立即退出"的信号。

当股价跌破关键价格水平时，我们要格外注意。一旦价格突破支撑位并且趋势发生变化，请立即退出。股票下跌背后的原因对于技术分析者来说并不重要。唯一重要的是他们在股票图上看到的内容。

我希望我对移动平均线（以及支撑位和压力位）的讨论对你有所帮助。现在，我们将更进一步，了解有史以来最强大的技术指标，同时也是最受股民喜爱的指标：异同移动平均线。

第四章
异同移动平均线

在大多数股民最喜欢的五个指标中,异同移动平均线始终位居榜首。许多人认为,异同移动平均线是有史以来最有用的指标。

在本章,我将讨论如何创造性地使用这种强大的指标。我还将介绍异同移动平均线直方图。

异同移动平均线

异同移动平均线由杰拉德·阿佩尔(Gerald Appel)在1979年发明。它是一种趋势跟踪价格动量指标,可帮助股民确定趋势及其相关动量(方向速度和持续时间)的出现、持续、消退和逆转。

请注意,异同移动平均线是一个"滞后"或"向后看"的指标,这表明其信号能确认长期趋势,但不能做出预测。这并没有降低其信号的价值。异同移动平均线产生的信号通常是重要的。许多短线股民在日线图和周线图上查看异同移动平均线。

很多的股民喜欢异同移动平均线的一个原因是它结合了趋势跟踪和动量指标。它能确定动量、强度、趋势方向和该趋势持续时间的变化。最重要的是，它可以产生准确性极高的买卖信号。它可以警告股民趋势逆转就要到来。

提示：时间范围越长，结果越显著。许多股民用每周异同移动平均线来生成信号。短线股民更喜欢对价格更敏感的每日异同移动平均线。

异同移动平均线的原理

异同移动平均线可以作为任何图表包的一部分，在图上显示为两条线。这两条线相互作用、聚合和背离的速度不同（一条线比另一条线快）。观察这两条线如何相互作用、聚合和背离是分析股票涨跌的关键。

一般来说，黑线是异同移动平均线，红线（在许多计算机屏幕上是灰色的）是9日信号线。此外，还有一条横贯图的水平线，称为0线。应密切关注异同移动平均线，因为它会产生最重要的信号。图4.1显示了使用默认设置12、26、9的日线图异同移动平均线。

从图4.1可以看出，异同移动平均线高于0线，这是一个看涨信号。异同移动平均线也越过了9日信号线，这是另一个看涨信号。因此，这是一个看涨的图。

第四章　异同移动平均线

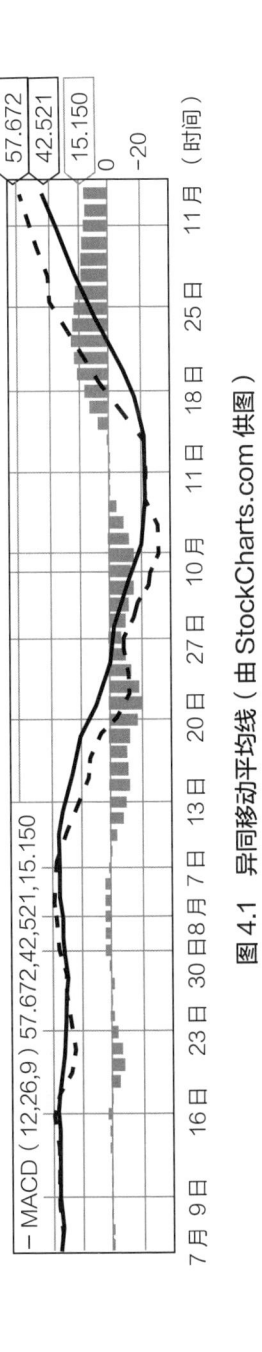

图 4.1　异同移动平均线（由 StockCharts.com 供图）

以下六点是使用异同移动平均线时要寻找的一些信号。

- **看涨**。当异同移动平均线（黑线）越过 0 线上方时，基础证券的主要趋势是看涨。
- **看跌**。当异同移动平均线越过 0 线下方时，基础证券的主要趋势是看跌。
- **看涨**。当异同移动平均线越过 9 日信号线上方时，次要趋势（和短期动量）是看涨。
- **看跌**。当异同移动平均线越过 9 日信号线下方时，次要趋势（和短期动量）是看跌。
- **行动信号**。当异同移动平均线和 9 日信号线都朝着同一方向移动（上升或下降）时，这是一个强烈的信号。不过还需要用另一个指标进行确认。
- **背离信号**。股价与异同移动平均线的走势不同就是背离。例如，如果股价走低，但异同移动平均线走高，则下跌趋势尚未确定。此外，当股价创下新高，但异同移动平均线走低时，这是一个警告信号。当然，这些都是参考，不是确定的规则。

重要警告：我们不能仅凭异同移动平均线产生的买入或卖出信号来进行交易。与任何其他指标一样，异同移动平均线也存在错误信号。

第四章　异同移动平均线

如何充分利用异同移动平均线

你已经知道异同移动平均线是一个动量指标。但是，有一个许多股民不知道的事情：异同移动平均线和信号线之间的距离越大、动量就越大，距离越近、动量就越小。

由于动量总是在价格变化之前发生变化，异同移动平均线直方图在确定可能的趋势变化方面特别有价值。

并非完美

异同移动平均线在大多数股市环境中表现出色，但在波动率较小时表现不佳。它是一个动量指标，所以当动量较弱且波动率较小时，异同移动平均线就不那么有效（参见股市波动率指数）。资深股民杰夫·比尔曼（Jeff Bierman）警告，"波动率小和流动性差是异同移动平均线的克星。"

如果异同移动平均线和信号失效，请使用其他动量指标，直到波动率恢复。幸运的是，只要个股波动，异同移动平均线就非常有效。

最后，与任何指标一样，异同移动平均线可能会给出错误的信号。这就是为什么要使用每周异同移动平均线。与日线相比，周线产生的错误信号更少。

> **提示**：异同移动平均线的另一个局限性是，它在股市（或股票）顶部效果不佳，但在底部效果最好。

异同移动平均线直方图

最强大（但经常被忽视）的一个振荡指标是异同移动平均线直方图，它有助于衡量动量。该直方图由托马斯·阿斯普雷（Thomas Aspray）于1986年创建，在0线上方或下方移动。它是独立于异同移动平均线的软件程序，你的图表包里应该有。

异同移动平均线直方图同时显示异同移动平均线和直方图，选择异同移动平均线直方图后，你应该会在计算机屏幕底部看到一系列绿色或红色条形图。如果直方图条移动到0线上方，则意味着基础股票正在获得动量。如果直方图条移动到0线下方，则意味着该股正在建立抛售势头。较高的直方图条意味着强劲的看涨势头，而较低的直方图条则意味着更大的看跌势头。

注意：如果股价较高但直方图为负怎么办？许多股民认为这是一个警告信号。谨慎的股民应考虑在建仓前等待（虽然这不是规则，但这是一个重要的参考）。

图4.2显示了个股的异同移动平均线直方图。该股在9月份反弹，直到异同移动平均线跌破9日信号线，这是一个看跌信号。异同移动平均线直方图转为负值，股票下跌。12月，异同移动平均线升至0线上方，直方图转为正值。该股反弹至旧高点。

第四章　异同移动平均线

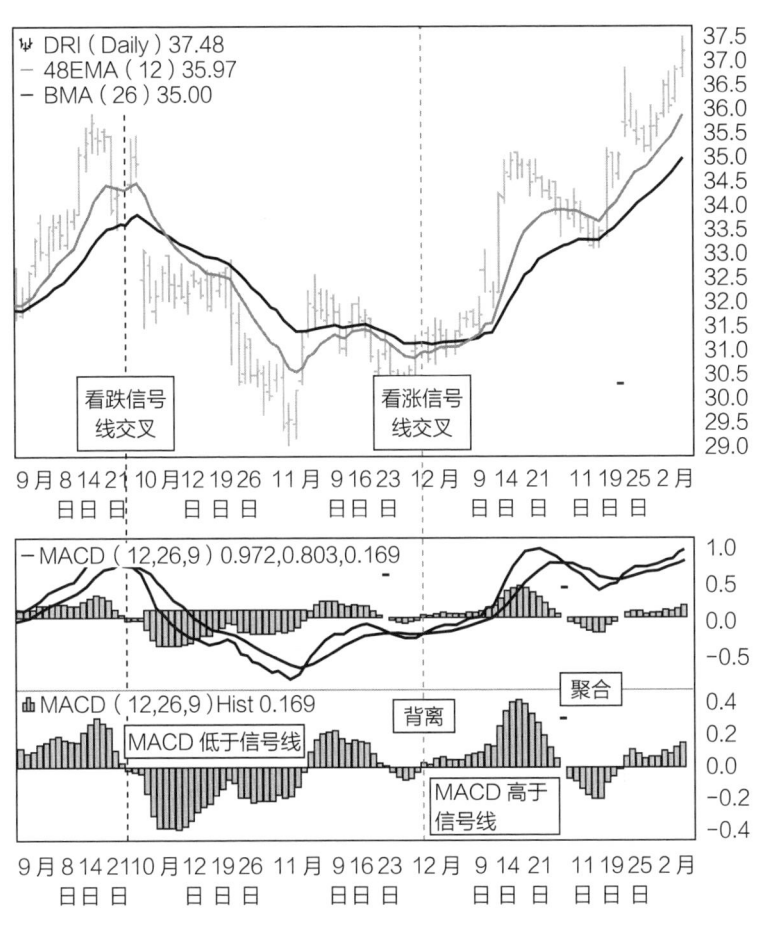

图 4.2　异同移动平均线直方图（由 StockCharts.com 供图）

重要信号

- 如果异同移动平均线直方图条高于 0 线，则为买入信号。如果直方图条跌破 0 线，即为卖出信号。

提示：仔细观察直方图条以寻找线索。请记住，如果直方图条越过 0 线上方，则为看涨信号。如果直方图条降到 0 线以下，则为看跌信号。无论哪种情况，趋势变化都是可能的。

- 当异同移动平均线直方图条颜色变浅（从深绿色变为浅绿色或从深红色变为浅红色）时，表示动量正在减弱。这不一定是卖出信号，它只表明购买热情有所减缓。对于空头投资者来说，这也不是做空信号，这只能说明抛售压力有所减轻。

这好比一辆汽车降低速度，但仍然朝前方行驶。股价很可能会跟随下降势头走低。注意逆转迹象。

此外，如果异同移动平均线直方图条颜色变深（从浅绿色到深绿色或浅红色到深红色），则表示动量正在增加。同样，这不一定是买入信号，这只能说明购买热情升级。

提示：如前所述，许多初学者没有意识到动量总是在价格之前发生变化。这正是异同移动平均线直方图作为动量指标的价值所在。如果股票上涨而直方图条却低于 0 线，这是一个危险信号。这种现象被称为看跌背离，这往往会导致崩盘。

但是，如果股票下跌而直方图条却越来越高，这种现象被称为看涨背离，预示着即将到来的反弹。价格走低，看涨势头增强。

使用异同移动平均线直方图的交易示例

假设 YYYY 已经连续 5 天走低。你认为股票超卖，因此计划买入股票。通过查看股票图，你无法预测 YYYY 会下跌至何点。对抗下跌趋势是有风险的，尤其是在 YYYY 持续下跌的情况下。

几天后查看异同移动平均线直方图，你注意到直方图已从红色变为绿色。这并不意味着做多是安全的。这意味着势头有所增加。

下一步做什么由你决定。看看股价，看看下跌是否已经停滞。如果股价和异同移动平均线直方图都在走强，则表明该股可能会逆转上行。

注意：如果直方图和股价都朝同一方向移动，则信号更强。你可以用其他指标确认这一点，从而获得更平衡的视角。

提示：当异同移动平均线直方图条变色并变短时，这表明动量正在减弱。当直方图条变长时，这表明动量正在增强。

采访异同移动平均线的创建者：杰拉德·阿佩尔

了解一个指标，最好的办法就是与创建指标的人交谈。几年前，在写我的那本《关于股市指标》(All About Market Indicators)一书时，我有幸与异同移动平均线的创建者——杰拉德·阿佩尔（现已去世）——交谈。在20世纪70年代后期，阿佩尔创建了他所谓的异同移动平均线。

由于个人计算机尚未创建，阿佩尔和他的朋友们使用打字机手动将数据输入电子表格。到1980年，他能够使用计算机软件自动处理数据。

异同移动平均线在股民中如此受欢迎，阿佩尔对此感到惊讶。他认为，它备受欢迎的原因是与它的灵活性密不可分的。"它之所以有效，是因为它可以适应任何时间框架，"他说，"你可以使用基于月度数据的异同移动平均线模式来了解股市的主要趋势。你也可以在5分钟图上使用它。"

阿佩尔解释了该指标背后的数学原理："异同移动平均线是通过从长期平均线中减去短期指数移动平均线而创建的。然后使用它的移动平均线，你可以看到趋势何时越过自己的移动平均线。"

他说，异同移动平均线在股市底部发出最精确的信号。"由于股市的运作方式，它在股市低点做出的预测比高点更准确，"他说，"你可以很容易地看到它。股市底部往往非常明显，而顶部可能有点棘手。"

他继续说道，在底部，它会产生非常流畅的线条，你通常会看到高潮和急剧的逆转。这是一种完全不同的感觉。熊市很快就会结束，但牛市不会。股市顶部往往是广泛而缓慢的。当越来越多的股票下跌时，股市平均线很可能会继续向上漂移。

近乎完美

异同移动平均线是一个很好的指标，但阿佩尔警告说，它并不完美。"没有任何指标是万无一失的。"他说，"例如，股市上涨和异同移动平均线下跌会同时出现。也许你认为这是一个卖出信号。好吧，这可能不是卖出信号。通常，在强劲的股市中，异同移动平均线会一直徘徊在高位，做出小幅波动。它将趋于平缓，而股市仍在上涨。"为了避免这些错误信号，阿佩尔建议不要依赖任何一个指标。"我不愿意把我的生命放在任何一个指标上。"他说。

为了确认异同移动平均线的底部，阿佩尔还查看了新高—新低指标。"即使股市平均水平下降，有时也会出现新低的减少，"他说，"你开始看到越来越多的股票在支撑位上保持。这是一个很好的迹象，表明股市将发生一些重大逆转。"

阿佩尔说，股市顶部的情况正好相反。他解释说："只要创下新高的发行数量不断扩大，相当好的上行势头就会出现。随着股市上涨，新高的数量将减少。在股市平均指数下降之前,参与并创下新高的股票数量会减少。"

阿佩尔说,你希望使用不同的参数来帮助你找到市场动量的逐渐转变:"如果你使用的是异同移动平均线,我喜欢同时处理不同的时间框架。然后,所有发生的股市事件都开始被合并到一起确认。但是,如果你感觉到股市正在下跌,短期异同移动平均线开始上升,你想确定这是否为昙花一现,或者中间的异同移动平均线模式是否发生了变化。你越有信心,你就越有可能朝着正确的方向前进。"

同样,他说,随着股市上涨并开始转向,短期异同移动平均线首先开始变弱。

异同移动平均线最擅长什么

对这个问题,阿佩尔非常谦虚。他说:"它基本上能让你了解股市的势头,""但价格方向和动量是有区别的。换句话说,如果你的速度陡增,你会看到很多上行势头。但是假设在某个时候,上升的速度减缓。也许异同移动平均线会下降,但股价并没有下跌。在这种情况下,它就变成了一个早期信号。"

对于长期趋势,阿佩尔表示,在熊市底部结束后的大约两三个月,月度异同移动平均线模式给出了良好的确认信号。"只要你尽量不要在第一天进入股市,"他指出,"它可以告诉你什么时候进入股市。"

异同移动平均线可以用来预测市场方向吗?"我不会

把它当作一个预报员，它只是一个指南针，"阿佩尔说。"只要异同移动平均线在下降，我就会远离股市。我不知道它会下降多久。如果它正在上升，并且我看到了一个看涨模式，我就会一直待在股市里，直到它下跌才退出。当指标发生变化时，我们也要随之改变。我们不会试图猜测指标何时会逆转。"

如何使用异同移动平均线

阿佩尔建议人们摆弄一下异同移动平均线，看看它的工作原理。他说："我们建议你一次保持 2 到 3 个异同移动平均线模式。由于市场下跌速度快于上涨速度，我们通常建议使用反应更快的异同移动平均线模式作为买入信号。你可以使用 10 日而不是 20 日或 25 日的异同移动平均线模式。在顶部，它们更平缓，你应该放慢速度，因此，我们会使用 20 日而不是 40 日的异同移动平均线模式。这些以指数呈现，所以它不会是 0.11 或 0.22，也不会是 0.15 或 0.075。"这些数字只是粗略的参考。

阿佩尔说，如果你使用长期异同移动平均线，你可以进一步减慢它的速度。他接着说："问题是你想衡量中期异同移动平均线还是长期异同移动平均线。如果是中期，你可以使用周线模式。短线股民希望使用每日异同移动平均线。"

他公司的股民通常使用自上而下的方法，结合异同移动平均线和其他指标来感受股市。然后，他们会关注自己喜欢的，在这种环境下交易良好的个股。有时，他们会使用每小时异同移动平均线进行非常短期的交易。

指标不会永远起作用

阿佩尔说,基本面指标市盈率曾一度是一个有效的指标。"市盈率超过20是股票太贵的迹象,你必须小心。"他指出,"几十年来,人们都把这当作规则。但这在20世纪90年代消失了。股票的市盈率高达50,并且保持在较高水平。"

他告诫说,人们总是在寻找可以抓住的东西。"如果某件事在股市连续两次奏效,人们会感到兴奋。他们愿意相信这是魔术。"

他说:"我能给别人的最好建议是制定并遵循计划。不要指望计划是完美的,计划应该有逐步进入和退出的空间。但要有计划地操作,不要感情用事。尽可能客观。永远不要冒超过你能承受的风险,因为这会造成糟糕的决定。在许多不同的事物中实现多样化。"

最后他说,你必须承认你会犯错,而不止一次。"当你错了,就承担损失。不要让它堆积起来。下次再试。"

现在,你已经了解了异同移动平均线和异同移动平均线直方图。在下一章中,我将介绍另一个非常强大的振荡指标,相对强弱指数。当股票或市场超买或超卖时,这个指标会提醒你。我相信你会发现相对强弱指数很有趣。

第五章
相对强弱指数

威尔斯·怀尔德（Welles Wilder）于1978年在一本工程杂志上发表了一篇文章，向世界介绍了相对强弱指数。相对强弱指数是许多股民的最爱，因为它发出了超买或超卖行情的早期预警信号。这些信号是参考，而不是严格的规定。我们的目标是获得其他股民没有的优势。根据我的经验，相对强弱指数会帮助你获得这种优势。

相对强弱指数如此受欢迎，一方面，是因为它是技术分析中为数不多的领先指标之一。换句话说，它具有前瞻性。另一方面，异同移动平均线和移动平均线虽然非常有用，但它们是滞后的。它们不能预测未来，只能显示当前或以前的价格走势。

虽然相对强弱指数不能预测未来，但它及时提供了线索。更重要的是，它提醒你不安全的股市行情（超买或超卖），让你远离麻烦。

注意：相对强弱指数允许股民观察"风险管理"区域。如果其中一个区域或阈值被打破，则一个危险信号可能出现。虽然相对强弱指数是一个非常强大的振荡指标，但有一件事它无法精确地完成：把握市场时机。如果你使用相对强弱指数来帮助你确定什么时候进入股市，那么结果会令你失望。

相对强弱指数的原理

相对强弱指数是一个"有界"动量振荡指标，在 0 到 100 之间波动，默认设置为 14 日。虽然背后的公式很复杂，但它只有一条信号线。当相对强弱指数信号线升至 70 以上并保持在上方时，这是市场或股票超买的信号。当相对强弱指数跌破 30 并保持在下方时，这是市场或股票超卖的信号。

注意：超买是一个术语，用于描述受到持续购买压力并即将进行价格调整的证券。超卖也是一个术语，用于描述受到持续抛售压力并即将出现价格反弹的证券。

相对强弱指数可以在任何时间范围内使用，大多数股民更喜欢日线或周线时间段。根据我的经验，周线相对强弱指数给出的信号最平滑、波动率较小。当日股民应使用日线。

尽管相对强弱指数警告有逆转的可能，但股票可能会在很长一段时间内保持超买或超卖，这可能是你不想用相对强弱指数来把握逆转时间的一个原因。

注意：你的图表软件可能有一个相对强弱指数名称列表，例如慢速相对强弱指数、快速相对强弱指数、完全相对强弱指数（快速相对强弱指数和慢速相对强弱指数的混合）和原始相对强弱指数怀尔德。大多数股民使用的是相对强弱指数怀尔德，这是威尔斯·怀尔德使用 14 日周期和 70-30 读数创建的。

图上的相对强弱指数

当你在股票图上查看相对强弱指数时，它通常以单线形式出现在顶部（这是振荡指标）。如果它没有自动出现，请从下拉菜单中选择"RSI Wilder"（相对强弱指数怀尔德）。

图 5.1 显示了 2021 年 11 月 3 日标准普尔 500 指数对应的相对强弱指数变动情况的截图。这个例子显示，相对强弱指数高于 70，这意味着在截取这张图时，标准普尔 500 指数极度超买。你可以看到逆转的概率增加了，尽管没有人能说出它何时会发生（不出所料，标准普尔 500 指数在几天后强势逆转）。

相对强弱指数的问题和局限性

虽然相对强弱指数是一个特别棒的工具，但它并不完美，因为没有一个指标是完美无缺的。例如，相对强弱指数的一个问题是，它产生了大量混杂信号，其中许多信号是错误的。幸运的是，使用周线时间段有助于减少生成错误信号的数量。

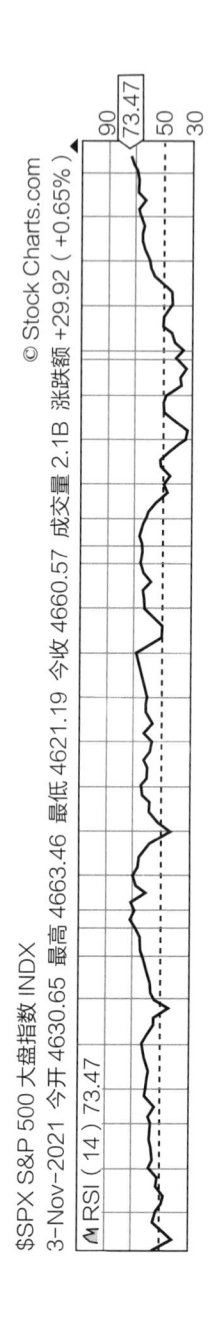

图 5.1 标准普尔 500 指数（由 StockCharts.com 供图）

另一个问题是，许多股民错误地认为，一旦相对强弱指数触及 70，就会触发瞬时卖出信号；如果它触及 30，则为瞬时买入信号。这不一定是真的。相对强弱指数从未提出过这种说法（如果它能始终如一地做到这一点，我们都会发大财）。

　　建议你不要专注于 70 和 30。股民兼作家亚历山大·埃尔德（Alexander Elder）写道，超卖和超买就像温度计上的冷热读数一样。同样的温度在夏天和冬天有不同的含义。因此，在牛市和熊市期间，这些水平可能会向上或向下调整。

　　更现实的是，当基础股票升至 70 以上时，这是一个危险信号。它说明该股超买了，虽然它可能会继续走高。谨慎的股民不会持有极度超买的股票。

　　此外，由于相对强弱指数不产生特定的买卖信号，股民们很容易被骗。为了减少不准确的结果，我们需要结合其他指标考虑。

没有波动率？我们有一个问题！

　　相对强弱指数等振荡指标在波动的股市（无论是整个股市还是个股）中效果最佳。但它们在横盘市场中表现不佳。

　　振荡指标与算法交易程序有关。这些计算机程序往往会中和一些指标，包括相对强弱指数。这就是为什么相对强弱指数超买读数为 70 的股票可以继续走高的原因之一。

　　追逐高位的算法交易程序基本上可以防止一些股票下跌。

这怎么做到的？某些算法交易程序会创建买入程序，推高股价，否定许多标准技术信号。股民须意识到这一限制。

愚蠢的统计信号

我们已经知道，相对强弱指数的最大读数为100，但如果某只股票的读数为80或更高，购买该股票会给你带来风险。当相对强弱指数显示超买时，股票能否保持在高位？是的，股票甚至还可以走高。我看到一些股票的相对强弱指数读数超过90。

当一只股票高至相对强弱指数的上限（超过95）时，这意味着该股超买相当严重。

相对强弱指数是一个"有界"振荡指标，所以它不能高于100，但在98或99时，它就处于极其危险的水平。相对强弱指数到98或99时，相对强弱指数很可能已经失效。不幸的是，相对强弱指数不会告诉你股票何时耗尽向上的动能，只能告诉你这个信号"在统计上是愚蠢的"，你应该避免买入该股票。

好消息是，这些极高的读数（98和99）相对罕见，但当它们出现时，它们不会持续很长时间。当然也有例外：我见过几天、几周和几个月都保持超买（超过70到80）的股票。一些股票长时间处于超买水平，做空者不得不追加保证金来回补亏损。指标的重点是找到有效的信号，而相对强弱指数给出的信号大都有效。因此，不要去反抗这些信号。

顺应行情

股票长期保持超买的情况并不少见，但股票长期保持超卖的情况很少见。一种理论认为，散户、逢低买进者、只投资多头基金的人和算法交易程序都喜欢做多。

因此，当一只股票超卖时，许多股民通常会逢低买进，试图扭转低迷。显然这种策略不可能每次都奏效，但它比做空反弹有效。

做空超买股票风险更大，因为如果你错了，股票会走高，对任何被做空的人来说，这都是个无底洞。（显然，有经验的做空者以及本书的读者，都会及时止损，以防小赔变成大赔。）

如果你做空极度超买但继续走高的股票，请忘记技术指标并及时退出。经济学家约翰·梅纳德·凯恩斯（John Maynard Keynes）曾经说过，"股市保持非理性的时间比你保持偿付能力的时间更长。"换句话说，如果你押注超买或超卖股票，你的风险就会增加，且风险自负。

有时，你会觉得自己在另一个星球上交易，我称之为"衰落期"。如果你发现自己在任何交易中都站在错误的一边，请顺应行情。

底线：在我们进入漫长的熊市之前，牛市的可能性很大。请密切关注相对强弱指数，寻找获利的线索。虽然很难把握逆转的时机，但当股票进入超买状态时，卖掉一点儿股票不会有什么坏处。

使用相对强弱指数的交易策略

关于超买超卖振荡指数，你应该知道一点：最终股价会碰壁逆转。这意味着股价在超卖时会反弹，在超买时会下跌。很难确定时机，但其他指标可以提供帮助（参考第七章的随机指标，或学习斐波那契比率，它通常显示股价在 23.6%、38.2%、50% 和 61.8% 回撤）。

指标和振荡指标提供指导和线索，但它们不是灵丹妙药。这就是为什么在决定交易什么之前收集多方证据是很重要的。

注意：指标太多不是一件好事，特别是有些指标还相互矛盾。大多数股民觉得，图上超过 5 个指标就太多了。如果使用十几个指标或振荡指标，你就完全无从下手，这是一种常见的股民病。由于有这么多相互矛盾的指标，股民无法做决定，最终什么都做不了。

使用相对强弱指数或其他指标时，务必要灵活（这是炒股"艺术"的一面）。使用这些工具可以获取重要线索，但制定僵化的规则会适得其反。

第五章　相对强弱指数

相对强弱指数交叉策略

许多股民都使用这种策略：相对强弱指数升至 70 以上后，他们就会观望。一旦相对强弱指数回落到 70 以下，他们就会做空该股（如果持有该股，他们就会将其卖出）。相反，如果相对强弱指数低于 30，股民就会等待。一旦相对强弱指数回升至 30 以上，他们就觉得该买进了。

这种策略并不适合所有人，但有一大批人使用它。检验这种简单的策略非常容易，因此，我建议在模拟交易程序中检验它。

看跌和看涨背离

使用相对强弱指数的一个聪明方法是寻找相对强弱指数与基础股票之间的背离。例如，当一只股票走高但相对强弱指数走低（即看跌背离）时，相对强弱指数会告诉你，股价上涨可能是假象。

而当股票走低但相对强弱指数走高时，这就是看涨背离。以下是对背离的更详细解释。

- **看跌背离。** 当 YYYY 走高但相对强弱指数走低时，这不仅是看跌背离，而且可能是牛市陷阱。相信牛市的人认为 YYYY 势不可挡，但相对强弱指数却告诉你，事实不是这样。你可能还记得，动量总是在趋势之前逆转。在这个例子中，基础股票"有可能"逆转，但同样需要在交易之前用其他指标进行确认。

- 看涨背离。当 ZYX 走低而相对强弱指数走高时，这不仅是看涨背离，而且可能是熊市陷阱。缺乏经验的股民可能会追逐 ZYX 走低，而忽略更强的相对强弱指数信号。在这个例子中，相对强弱指数告诉我们，势头正在增强，股票下跌可能是假象。在这个例子中，ZYX 逆转走高，困住了做空者，因为他们忽略了看涨背离信号。

注意：背离不是 100% 有效，如果你在图上看到这个信号，不要投入大量资金。

其他相对强弱指数信号

14 日时间段和 70-30 超买超卖参数的默认设置适合大多数人，但你也可以尝试其他时间段。例如，你可以使用 75-25，而不是 70-30。一些短线股民将 14 日改为 6 日或 9 日。头寸股民可能会将其改为 25 日。任何更改都会影响信号，所以更改设置后需要进行检验。

70-30 默认设置仅供参考，不是永久设置。尽管如此，它们已经过许多股民的检验，而且有研究的基础，这个默认参数经受住了时间的考验。在你获得更多经验之前，请用默认值。

当相对强弱指数为中性时

许多股民不知道的是，当相对强弱指数或任何其他"有界"振荡指标接近 50% 水平时,它们只是一个中性读数。如果相对强弱指数停留在其 50% 的指标水平上,则意味着在 14 个交易日后,该股既没有超买也没有超卖。这既不是强烈的买入信号,也不是强烈的卖出信号。等待相对强弱指数突破 70 或 30 再交易就更为可靠。

市场波动率指数

衡量投资者恐惧和贪婪的一个最佳方法是使用芝加哥期权期货交易所使用的市场波动率指数。我在上一本书中介绍了市场波动率指数。这个话题非常重要,我觉得有必要在这里做一个详细的回顾。

人们普遍认为,市场波动率指数可以衡量市场的情绪。它被昵称为"恐惧指数",可以帮助股民评估市场上的恐慌程度。

市场波动率指数是对美国股市未来波动率的估计。虽然数学计算很复杂,但市场波动率指数能让我们洞见短期内市场的波动率(期权交易员的说法)。它通常被用作反向指标。(一句流行的说法是"市场波动率指数处于低位时,就该卖出了。市场波动率指数处于高位时,就该买入了"。)

注意:市场波动率指数的计算公式为 16 至 44 日后到期的价外看跌期权和看涨期权的加权价格的平均。通过使用真实世界的期权价格，市场波动率指数衡量所有期权交易员如何评估未来 30 日的市场波动。

当市场波动率指数较低时

随着隐含波动率的降低，市场波动率指数下降。例如，当市场波动率指数处于低位（低于 15）时，它反映了期权交易员的极度自满。市场趋于平静，这些期权交易员几乎不担心市场下跌。需要注意的是，市场波动率指数可能会在很长一段时间内保持低位，然后最终走高。

当市场波动率指数较高时

市场波动率指数大幅走高（高于 30 或 40）反映了期权交易员对看跌期权的过度购买，以及其普遍的恐慌情绪。随着隐含波动率的增加，市场波动率指数上升。市场波动率指数飙升的主要原因是紧张的股民急于购买看跌期权。这些股民需要看跌期权来对冲他们的投资组合，或者从他们认为即将到来的经济衰退中获利。需求的增加导致了看涨期权和看跌期权价格的上涨，进而导致所有期权隐含波动率的增加。

恐慌的股民蜂拥买入看跌期权。他们不怕反弹，对购买看涨期权不感兴趣。看跌期权需求的增加导致市场波动率指数上升。

市场波动率指数上升是一个信号，表明股市可能出现短期底部形态或超卖情况。但在对看跌期权的过度需求减弱之前,这种情况不会出现。一般来说,当市场波动率指数超过 40 时,人们就会蜂拥购买看跌期权(出于保护和投机的目的)。在极端波动时期,市场波动率指数可能会升至 50 以上。

然而,这种恐慌通常不会持续很长时间。当市场波动率指数达到这种水平时,人们对崩盘十分担忧,这意味着市场要进行大的盘整。对于反向股民来说,这是一个买入机会。

注意:根据记录,市场波动率指数在 2020 年 3 月 20 日新冠疫情高峰期创下 86 以上的高点。事后看来,这是历史上极佳的买入机会之一。股市从 3 月的低点升至 2021 年的历史新高。(期权专家告诉我,如果在 1987 年崩盘期间存在市场波动率指数,那么它将接近 150)。

市场波动率指数显示在你的券商公司网站和众多金融网站上。它是一种可选证券,你可以在市场波动率指数上交易看跌期权和看涨期权。

现在,你已经对相对强弱指数(和市场波动率指数)有了更透彻的了解。下面,我将介绍技术分析中最受欢迎的技术振荡指标:布林线。

很多股民使用布林线,接下来,我们将充分讨论如何利用这个工具来优化交易结果。

第六章
布林线

由约翰·布林格（John Bollinger）发明的布林线是技术分析中最受欢迎的指标之一，因此几乎每个图表程序都将其包括在内。这个灵活指标的最大优点是帮助我们判断股票或市场是超买还是超卖，股票或市场的趋势以及该趋势的波动程度。

布林线提供了非常有用的信息，但许多股民还不了解其所有特征。在本章中，我希望能澄清一些困惑。

布林线可以在任何时间范围（取决于股民的偏好）内查看。布林线通常用于日线图，但用于周线图或月线图同样有效。许多短线股民使用日线图。

布林线

布林线由两部分组成。有一个上线和下线，以蓝色或黑色显示。两条线之间的虚线代表 20 日简单移动平均线，这是布林线方法的关键部分。

许多股民没有意识到 20 日移动平均线是布林线的关键组成部分。之所以使用移动平均线一词，是因为布林线是根据最

第六章　布林线

近20日不断变化的股价的平均值来计算的。

这两条线被特意设计为与20日移动平均线相距两个标准差（本章稍后将对标准差进行详细讨论）。对于一只股票（或市场）来说，强有力的行动才能刺穿上线或下线。

注意：布林线的默认值为20日和两个标准差。一些短线股民可能会将20日移动平均线默认值更改为10日移动平均线。此外，布林线可以而且应该用于确认来自其他指标的信号。

以下是两个最基本的布林线信号。

1. **超买**。当股价刺穿（越过）上线时，证券处于超买状态。

2. **超卖**。当股价刺穿（越过）下线时，证券处于超卖状态。

请记住，股票超买或超卖并不代表逆转迫在眉睫。

布林线旨在用以下两个概念帮助股民。

第一，基础资产的价格是相对较高（超买）还是相对较低（超卖）。

第二，股价的波动率是呈上升趋势还是下降趋势。

使用布林线时，股民必须遵循两个重要规则：第一，布林线必须成对使用（上线和下线）；第二，这两条线必须与移动平均线相结合，切勿单独使用。

071

图 6.1 显示了布林线。布林线显示在股票图的顶部，这四条线可能会使一些股民感到困惑。多看几次就熟悉了。

注意：在图 6.1 中，请注意股价（显示为烛台）如何在上下线之间反弹，以及它如何在 20 日移动平均线的上方和下方移动。

布林线是一种价格包络线，是由两个价格区间（上线和下线）组成的图。

布林线如何使用标准差

如图 6.1 所示，布林线是通过在一张图上组合三个不同的图来构建的。首先是基础资产收盘价的简单 20 日移动平均线。接下来是两个额外的图。

这些线表示价格比移动平均线高两个标准差（上线）和比移动平均线低两个标准差（下线）。根据定义，移动平均线始终位于上线和下线之间。

标准差是布林线方法的一个关键组成部分。标准差在统计学中用于衡量一组数据点的一致性，但更重要的是，它可以作为衡量风险的一种方式。

两个标准差表示超出正常范围的股价变化，每 20 日大约有 1 日。当一只股票刺穿任何一条线时，这是一个警告信号，表明股票或指数超买或超卖。

第六章 布林线

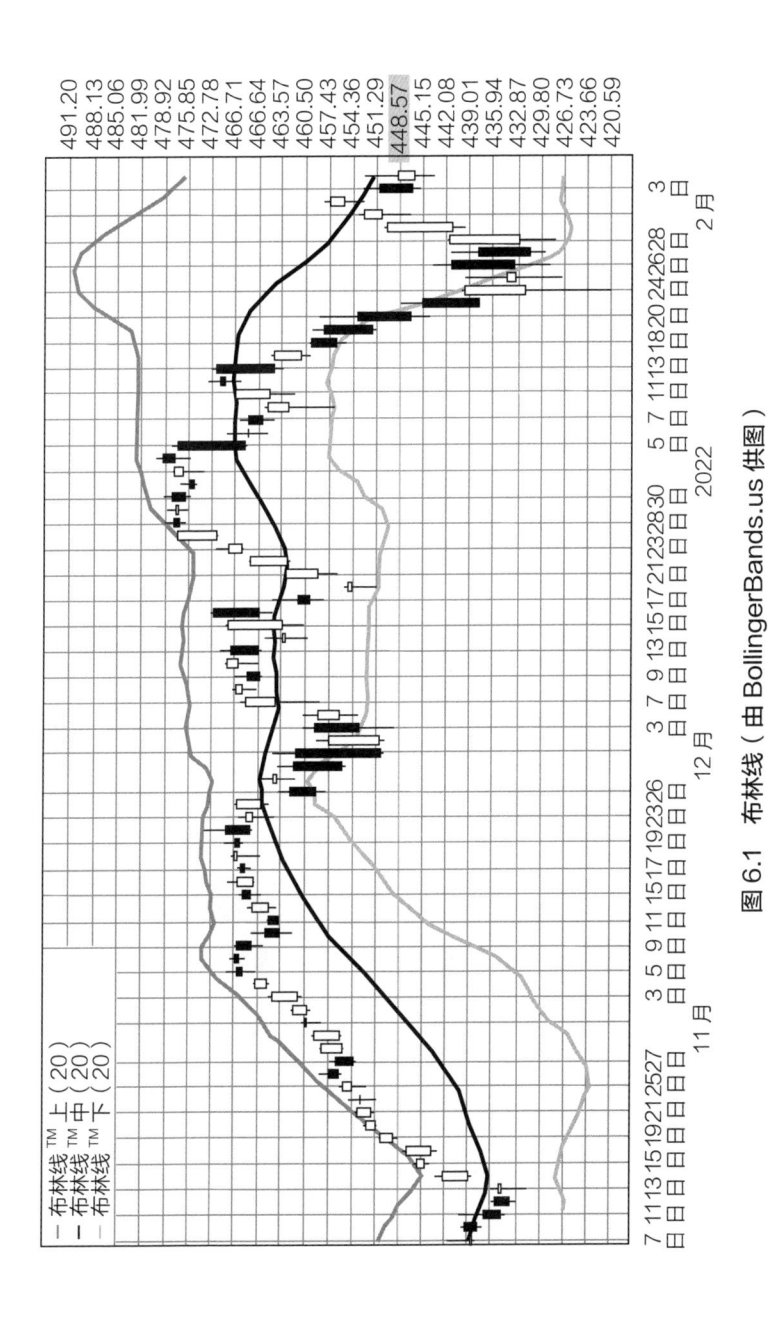

图 6.1 布林线（由 BollingerBands.us 供图）

这就是布林线的工作原理：移动平均线倾向于在上线和下线之间来回跳动。移动平均线弯曲、转弯和移动，不受两条线的影响。

注意：虚线描述股价的变化，而两条线描述股票最近的波动。这两条线让我们洞见基于股票波动率的潜在价格走势。股票的波动率越强，这两条线之间的距离就越宽，每日价格变化的可能性就越大。

留意两条线！

这是一个事实：使用默认设置时，95%的概率是股价处于上线和下线之间。只有5%的概率会超出其中的一条线。

根据股价95%的走势进行交易是合理的。但需要格外注意的是，当发生"不那么罕见"的事件（股价朝着错误的方向变化，超出两个标准差）时，必须小心，防止股票受到重创。

好消息是，在这5%的情况中（即股价超出范围），有一半的概率是股价会朝着有利的方向发展。因此机会来临时，要好好把握。

注意：如果将默认值改为一个标准差（而不是两个），那么上述的95%就会变为68%。将默认值改为三个标准差时，99.7%的概率股价处于两条线之间。尽管3‰

的机会很罕见，但它的确每四年会发生一次。押注它们会让一些股民破产。

约翰·布林格建议有经验的股民可以更改默认设置。尝试使用 50 周的移动平均线和 2.1 个标准差，而不是使用默认值 20 和 2。如果做长线，则可将默认设置改为 20 周，并使用周时间段。

在布林线上徘徊

从相对强弱指数可知，股票在逆转之前可能会长时间处于超买或超卖状态。这些并不是买入或卖出信号。如果你长时间观察布林线，你就会注意到股票会在布林线的上线或下线上徘徊很长一段时间。

当股票在布林线上徘徊时，一些股民会变得不耐烦。有时，一只股票可能会在一条线上徘徊数日。在触碰那条线后，它会立即逆转，向着移动平均线移动。

支撑位与压力位

对个股来说，布林线的上线和下线如同支撑位和压力位。当股价接近或触碰到上线时，这说明该股票在试探上方的压力强度。相应地，当股价接近或触碰到下线时，这说明该股票在试探下方的支撑强度。一旦股票跌破支撑位，这就预示着下跌趋势的开始。相反，如果股价成功突破压力位，这就预示着上升趋势的开始。

了解波动率

布林线还能帮助股民了解和分析波动率。软件绘制的布林线是衡量股价变化速度和幅度的指标。

与波动率较小的股票相比，波动率较大的股票每日价格波动更大。较大的波动率（导致平均每日价格变动大于正常值）将在短期内持续。

布林线用于衡量波动率，在波动率较大时会扩大，在波动率较小时会收缩。如果布林线的上线和下线突然收缩（挤在一起），那是因为股票的波动率变小了。

不要被波动率小的环境骗了。布林线非常狭窄是股市突然逆转的迹象。换句话说，小波动过后往往是大波动。

需要多少时间才会发生逆转，我们不得而知。在波动率爆发之前持仓是错误之举。小波动期（自满期）可能会持续数年之久。

反之亦然。如果布林线在扩大，这表明基础股票的价格一直不稳定。布林线的扩大会导致股市逆转。股市往往不会长时间保持大的波动率，但结果可能极具戏剧性（1987年10月和2007年至2009年是典型例子）。

请你密切关注布林线是如何扩大和收缩的（衡量波动率的指标）。许多股民过于关注价格，从而忽视了布林线的这一关键特征。

扩大与收缩

布林线的扩大和收缩是该指标的独特之处。如前所述,当布林线扩大时,波动率和动量随之增加,而当布林线收缩时,波动率和动量则随之减少。请关注布林线扩大的情况,因为这是风险增加的警告信号。

当价格下跌时,由于下行卖出压力增加,布林线会扩大,波动率也会随之增加。如果股价下跌而波动率增加,那么无论股票超卖多少,都不要买入。在这种情况下做多会造成巨大损失。

相反,你应该等到波动率不再增加并开始回落,并且趋势开始逆转时再采取行动。在那时,买入的风险会变小。耐心等待是成功的关键。

提醒:许多股民误判趋势的一个重要原因是,他们没有正确地解读布林线。例如,股价在上涨,而布林线却在收缩。

注意:一定要仔细观察布林线的斜率及其方向(向上还是向下)。无论是下降、上升还是平稳,研究布林线的斜率都可以让你看到大局。

股民误用布林线

20日移动平均线可以反映出市场趋势:上涨、下跌或横盘。股民经常误用这个指标,把越过虚线作为买入或卖出的标志。

当股民错误地根据布林线交叉做出买入或卖出决定时,有些人会将糟糕的结果归咎于布林线。布林线的致命弱点在于,布林线并不能给出精确的买入和卖出信号。

股民常犯的另一个错误是,他们看到股价下跌,可能触及下线时,就假定股价会逆转上涨。实际上,触及下线并不意味着股价会逆转上涨。

相反,股价触及上线也并不意味着它会突然逆转走低。没有人知道股价触及布林线后会走向何方。总之,对于使用布林线的股民来说,触及布林线不是交易信号。

注意:如果你刚刚使用布林线,这些规则可能会让你感到困惑。如果你感到困惑,请看本章末尾的"采访约翰·布林格"部分。我相信,你读过之后会对这个指标有更多的了解。

很少有股民能够充分发挥布林线的潜力。但许多股民成功地使用了最基本的布林线信号,你也可以。这是一个好的开始。

使用布林线的最佳方式不是将其作为预测工具,而是作为风险管理工具[感谢首席技术分析师杰夫·比尔曼(Jeffrey Bierman)教授,他阐述了如何以这种方式使用布林线]。

第六章　布林线

关于布林线

花点时间回顾以下关于布林线的观察结果,这将帮助你更好地理解它。

- 波动率增加时,布林线会分开。距离特别远时,任何现有趋势都可能立即结束。
- 趋势强劲时,股价可以长时间围绕其中一条布林线徘徊。当动量振荡指标表明该退出股市时,可以考虑获利了结或减少持仓。
- 股价往往会出现反弹,触碰一条线后又触碰另一条线。股民可以利用这些波动来选择获利目标。例如,在股价触碰下线并远离它之后,如果它越过移动平均线,那么上线就是一个获利目标。
- 当市场波动率较低,布林线收缩时,价格出现快速波动(无论是上涨还是下跌)的可能性就会增加。如果这种波动形成了新的趋势,那么获利的可能性将是巨大的。但也要时刻警惕相反方向的错误波动。

现在你已经深入了解了这一极富魅力的指标,我想分享一下几年前与布林线的创始人约翰·布林格的交流,他向我介绍了自己使用布林线的创新方式。

采访约翰·布林格

20世纪80年代,约翰·布林格是一名使用第一代台式计算机的期权交易员。他想要验证当时的普遍看法,即波动率是否是一个固定值。他关心期权的定价方式,当时主要是基于波动率。他说:"在那些日子里,我们认为波动率是一个固定值,不会改变。我们认为这是证券属性的一部分。"

但当他将波动率公式复制到电子表格中时,他的观点发生了变化。"我第一次发现波动率并不是一个固定值,而是一个动态的数字,"他解释道,"它一直在变化,这很有趣!"在接下来的几个月里,他反复试验,尝试用不同的方式计算波动率,最终创造出了布林线。

人们(尤其是期权交易员)创造性地使用他的指标,这令布林格感到惊讶。"人们对布林线的使用方式超出了我的想象,"他惊叹道:"'我了解到一些非常好的想法,'有人打电话来说,'猜猜我是怎样用布林线的?'我回答,'哦,真的吗?我还没想到这个方法呢!'"

他说,布林线之所以一直受欢迎,是因为它们很容易适应股市行情。他接着说:"布林线的两大构成要素是趋势和波动率,这两者构成了股市的基本动力。而且它们的展现方式直观明了,便于人们理解和掌握。"

正确使用布林线

布林格对其指标的实际用途进行了解释:布林线主要

第六章 布林线

是告诉你价格是在一个相对高位还是低位;它们最好的用途是生成交易设置,以用来计算成功交易的概率;当你发现这些高概率交易时,请立即行动。

他提醒说,布林线不能提供持续的建议,"你能在任何一个时间点查看布林线并知道该怎么做吗?至少我的实践告诉我,不能。"

他说,布林线不是预测工具。它无法预测道琼斯工业平均指数在任意一天的表现。但他指出,在布林线的设置中,"可以找到明显的目标并做出明显的预测,看一个设置是否有效且有用。但我不会称之为股市预测。"

布林线的一个独特现象是股票往往会长时间保持超买或超卖状态。"我们称之为在布林线上徘徊,"他解释道,"这很正常,事实上,这是趋势市场中可以预料到的活动。找到一个可用的设置可能需要很长时间。"

如果有人因为没有立即的买入或卖出信号而变得不耐烦,他认为这是人的失败,而不是工具的失败。

他补充道:"人们在使用我的指标时犯下的最大错误是认为任何触及上线的情况都是卖出信号,而任何触及下线的情况都是买入信号。这完全是错误的。"

此外,即使市场走势与信号相反,人们仍会执着于信号。结果他们承受了巨大的痛苦。布林格提出,灵活使用布林线是关键。要将布林线视为系统分析的组成部分。系统分析还包括趋势和情绪信息。他指出:"将我的布林线视为整个交易系统的一部分,而不是唯一需要的工具,这样才更有用。"

尝试

在布林格看来,使用他的指标的最佳方式是尝试各种默认值。"尽可能广泛且创造性地尝试各种默认值。"他建议道。

"最终你会找到非常适合自己的最佳点。找到它的一个方法是,将移动平均线从简单数改为指数,再加权,或者更改周期数或布林线数。然后在10分钟、日线、小时线、周线和月线图上进行尝试。"

避免僵化的交易系统

尽管布林格为他的指标制定了一系列严格的规则,但他发现并没有达到预期效果。"股市会随时间而变化。虽然某一规则可能在某个时间段有效,但在另一个时间段就可能失效,甚至适得其反,"他说,"我发现,真正的价值是使我的方法尽可能具有适应性,这样它们就能随着股市的变化而变化。这样,你就不会陷入僵化交易系统(即一个不再适应股市的系统)的困境中。"

注意:布林格写了一本关于布林线的书《布林格论布林线》(*Bollinger on Bollinger Bands*)。

许多新手股民想知道,是否有一个指标能够实时给出逆转或超买和超卖的警报,以帮助他们把握市场时机。确实存在这样的指标:随机指标。

许多人认为随机指标是技术分析中最强大的指标之一。它除了能做到上述所有事情,还有许多功能。接下来的章节你不容错过。

第七章

随机指标

随机振荡指标（即随机指标）是许多短线和长线股民最喜爱的指标，因为它能提供可靠且准确的买入和卖出信号。它功能强大，这也是许多股民始终让其显示在屏幕上的原因。

除了提供交易信号，该指标还有多种用途。首先，它会发出超买和超卖的提醒。其次，它会提醒股民注意潜在的逆转。最后，它会确认逆转是否确实发生。因此，使用随机指标应该能够提升你的炒股水平。（我将在本章后面详细介绍。）

据报道，芝加哥牙医兼技术分析培训机构负责人拉尔夫·戴斯坦特（Ralph Dystant）是第一个创造随机振荡指标的人。戴斯坦特英年早逝，他的助手乔治·莱恩（George Lane）继续改进随机指标的公式。莱恩还撰写了大量关于如何使用该指标的文章，使得这一指标更加流行。20世纪70年代，蒂姆·斯莱特（Tim Slater）（他属于一个帮助开发许多指标的团体）首次创造了"随机指标"一词。

如果你从未使用过随机指标，或者认为它太复杂，那么你就错过了一个可以提高你炒股收益的多维指标。你可能听过"没有人能把握股市时机"的说法。但如果正确使用随机指标，你就有可能把握进入股市和退出股市的时机。这也是学习该指标的原因所在。

随机指标的基本原理

如果你对随机指标还不熟悉，你一开始可能会感到困惑。然而，当你在图上使用随机指标时，你会发现信号非常容易被解读。我也会尽我所能使其易于理解。我希望当你读完本章时，你能够获得足够的信息，开始使用随机指标。

关于随机指标的基本原理，人们存在很多误解，因此，你可能会在本章中有一些意想不到的发现。例如，许多人没有意识到随机指标既是动量指标又是趋势指标。随机指标是一个非常强大的工具，允许股民及时进出股市。

随机指标的基本原理是，在股价改变方向之前，股价的动量会频繁发生变化。因此，随机指标可以用来预测趋势逆转。

什么是随机指标

随机指标显示的是资产（股票等）的收盘价，并将该收盘价与该股票在过去14日的交易区间（最高价和最低价区间）进行比较。

使用随机指标，你可以找出动量和趋势的变化，发现超买和超卖的情况，并接收到买入和卖出信号。

基本概念

在大多数图表软件包中，下拉菜单中有多个随机指标名称。两个主要程序是慢速随机指标和快速随机指标。当日交易的股民倾向于使用快速随机指标，因为它生成的信号更多，速度更快（延迟更少）。

另外，慢速随机指标与快速随机指标差不多，但它产生的交易信号和虚假交易更少。

最终选择使用哪个指标取决于你。如果你是初学者，我建议从慢速随机指标开始。

提示：随机指标在各种股市环境中都表现良好，而移动平均线、异同移动平均线和相对强弱指数等指标则更适用于趋势市场。当股票或整体市场横向移动，或者更糟的在一个范围内上下波动时，随机指标能帮助你判断该模式何时结束。

%D 线和 %K 线

随机指标有两条线：%D 线（较慢线）和 %K 线（较快线）。

重要提示：%K 线的变化速度比 %D 线快。

%D 线和 %K 线非常直观，图 7.1 显示了慢速随机指标的走势情况。较快的 %K 线为黑色，较慢的 %D 线为红色（在书本中为灰色）。

随机指标上出现了许多信号。现在，我将介绍最基本的信号。

行动信号：当两条线（%K 线和 %D 线）交叉而指标处于超买或超卖状态时，买入或卖出信号得以构成。具体来说，当 %K 线越过 %D 线时，只要随机指标值高于 80 或低于 20，一个买入或卖出信号就形成了。你可以在本章的"80-20 交叉策略"部分了解这些信号。

%K 线是主导线。%D 线比 %K 线平滑，所以它较慢。这两条线会合拢和分开，这是随机指标的一大优点，也是技术分析中最令人惊奇的发现。

注意：%K 线是用过去 14 日的最高价与最低价之差来确定的一个价格区间，然后将最后一个收盘价表示为这一区间的百分比。%D 线是 %K 线的三日移动平均线。由于 %D 线是移动平均线，它的变化速度比 %K 线更慢。

随着股价的变化，%K 线和 %D 线的走势反映了这种动量的变化。打个比方，假设你正在开车，当你松开油门时，即

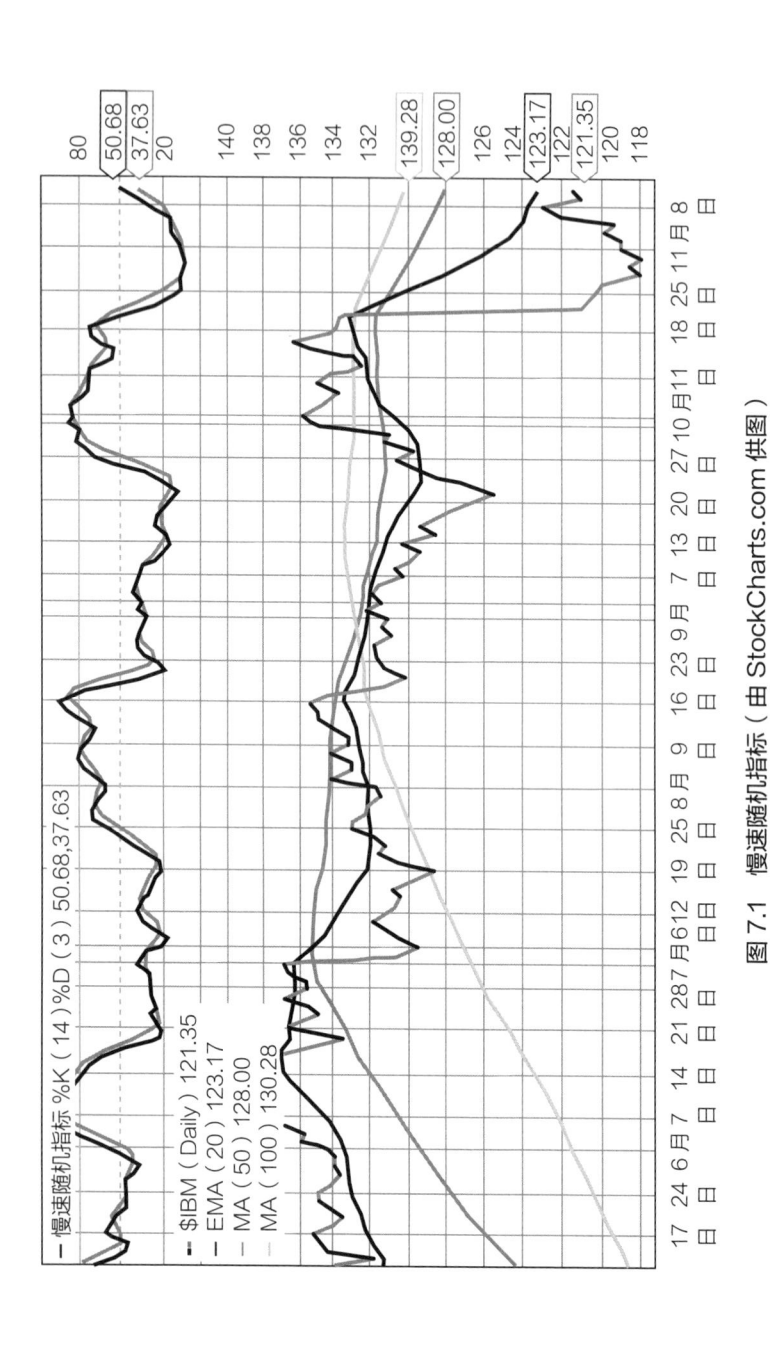

图 7.1 慢速随机指标（由 StockCharts.com 供图）

使汽车仍在前进，汽车的动量也会减少。%K 线和 %D 线也是如此。

（14）和（3）周期

除 %K 线和 %D 线之外，还有两个默认的数字：(14，3)。如果你仔细观察图 7.1 的左上角，你会发现数字显示如下：%K（14）%D（3）。这表明 %K 线用的是过去 14 个周期（通常是天数）的数据，而 %D 线是 %K 线的 3 日简单移动平均线。它沿着 %K 线绘制，是信号或触发线。股民可以用小时、天、周或月为单位定义周期。

乔治·莱恩开发随机指标时，选择 14 为默认周期。然而，一些短线股民认为 %K（14）太慢了，因此一些图表程序使用（10）作为默认周期。一些当日交易的股民甚至将其降低到（5）。这是一个快速信号，适合当日交易的股民。你可以根据需要自由更改默认值，但我建议刚开始的时候还是使用图表默认值。

提示：在波动率极低的环境中，一些股民会提高 %K 线的速度，以便找到交易机会。然而，这样做的风险在于，更快的 %K 线速度会导致错误信号概率的增加。仅仅为了找到交易机会而强行产生信号是不明智的。

0 和 100

随机指标的另一个特点是最小读数为 0，最大读数为 100。换句话说，它在 0 到 100 的范围内变动（类似于相对强弱指数）。当读数高于 80 时，股票（或指数）是超买。低于 20 时，股票（或指数）是超卖。

如前所述，超买和超卖是一种状态，而不是交易或触发点。不要犯这样的错误：在随机指标降到 20 以下时盲目买入，或者在随机指标升到 80 以上时做空（或卖出现有头寸）。虽然有时这种策略有用，但这不是随机指标的主要功能。

什么是超买和超卖

要了解振荡指标，你必须明白一点，即超买和超卖是相对的，它们取决于股市行情。在读"相对强弱指数"这部分时你了解到，股票和指数都可能在较长时间内保持超买或超卖状态。此外，80 和 20 仅是参考，而非规则，应根据股市行情的变化而向上或向下调整。

许多新手股民会犯一个错误，那就是立即建仓，因为他们不完全了解随机指标的原理。逆势交易的新手往往在看到超买信号时会马上买入、做空，但当股票超买严重时，他们会感到震惊。

相反，当一只股票超卖且随机指标低于 20 时，并不意味着它会立即反弹。尽管它将出现反弹，并可能在未来逆转，但现在并不是立刻逢低买进的最佳时机。这更像是一个警告信号。随机指标显示该股票已被超卖，并可能以一种极端的方式逆转，如果这时你做空这只股票并且已经获得了一定的利润，那么明智的做法是锁住利润，因为逆转随时都可能发生。

在现实世界中，没有人能准确地预测逆转何时会发生，但随机振荡指标能做到这一点。

股票长期超买或超卖会怎么样

随机指标的一个最大问题是，一些股票（或一些指数）的走势非常之高，它们会长期处于超买状态。如果一只股票长期处于"统计不合理"的价格水平，那么就该放弃这只股票并寻找其他更好的股票了。在高得离谱的价格下，随机指标和其他振荡指标已经失去了优势，这是随机指标和相对强弱指数等振荡指标的一个局限性。

长期超卖的股票也会出现同样的问题。然而，买家介入并将极度超卖的股票推高的可能性会稍大一些。买家不会介入的时候要么是在熊市期间，要么是在大家都对某只股票敬而远之的时候。

什么随机指标最好

随机指标的理论基础是：在上升趋势中，价格会接近当天交易区间的最高点收盘；而在下降趋势中，价格则会接近最低点收盘。然而，价格经常会过度延伸，导致超买，或者由于投资者过度抛售而变得超卖。

当这些极端情况出现时，随机指标就能够发挥其优势，帮助股民发觉市场的极端状态。如前所述，尽管我们通常将80和20设定为超买和超卖的阈值，但这两个术语都是"相对"的，也就是说，它们并没有一个绝对精确的定义。

随机指标可以让你知道何时达到极端水平（超过80和低于20）。更重要的是，它可以发出警报，告诉你何时股票接近顶部、底部或中间区间。这为你提供了重要信息，让你灵活决定进行哪些交易。

使用随机指标跟踪动量

如果你在图上观察到%K线和%D线正在下降，这仅表明该股的动量正在放缓，并不意味着该股会暴跌。也许这只股票涨得太高、太快，用尽了全部能量。随机指标提供了动量减弱的线索。

换句话说，随机指标用于跟踪动量，而不仅仅是趋势。随机指标就像速度计：它有助于评估动量的强度。与其他指标不同，随机指标不跟踪股价或成交量，而是让你了解股票变动（动量）的快慢。

这有多重要？我之前说过，动量会在价格改变之前改变方向。这是关键。通过研究股票图上的随机指标，你就能了解动量何时改变方向，以及之后价格将会发生什么变化。

例如，当其他股民追随价格走高的股票并增加持仓时，随机指标会提醒你动量已经减缓，甚至可能已经发生逆转（%K线会首先逆转，因为它更快。当%K线越过%D线且随机指标高于80或低于20时，那是一个真实可靠的行动信号）。

如果信号正确，而且你正确地解读了它，你可以在股价改变方向之前停止持仓。随机指标的一个主要好处是可以预测价格逆转。因此，随机指标在股民中备受欢迎。

注意：观察%K线和%D线的合拢、分开和相交是非常有趣的。注意两条线的合拢（彼此接近）和交叉（彼此相交）之间的区别。

接下来你将了解到，当两条线在超买或超卖区域交叉时，其会给出一个更强的信号。

80-20交叉策略

许多新手被告知，一旦%K线和%D线升至80以上，就应该做空股票。当%K线和%D线降至20以下时，就应该做多。这是一个好策略，如果它对你有用，你就继续使用它。

此外，根据调查研究，以下是许多股民不了解的两个可交易信号。

1. 当随机指标升至 80 以上并出现交叉（%K 线与 %D 线交叉）时，那就是一个做空（或卖出现有多头头寸）信号。要产生该信号，必须存在高于 80 的交叉。

2. 当随机指标降至 20 以下并出现交叉时，那就是一个做多信号，要产生该信号，必须存在低于 20 的交叉。

有些股民将阈值改为 70 和 30，以产生更多信号，这取决于你。使用 80-20 可能会错过很多交易机会。

不建议在中间寻找交叉，因为这些信号不太可靠。我知道许多股民在中间寻找交叉信号，而且这对一些人有效，但上述标准会产生重要的信号。

注意：虽然这些信号很重要，但它们只是指导性的建议，并非一成不变。

许多资深股民会采取一种策略，即等待随机指标超出特定的区间（如 80-20 或 70-30），之后他们会继续观察，直到出现交叉，才会买入或卖出。

警告：如果你是动量股民，希望利用强劲的上升趋势来获取最大利润，你可能会故意抬高股价，即便出现了交叉也选择忽略。然而，需要警惕的是，一旦 %K 线发生逆转，这就是一个预警信号，表明股价可能即将出现回调。因此如果你未能及时察觉并采取相应的应对措施，你就很容易面临亏损的风险。

并非完美的振荡指标

随机指标在技术分析中占有重要地位，但我必须坦言，它并非万能秘诀。该指标有时可能会发出过早或过晚的信号。这种情况在实际操作中时有发生，因此我们需要有所准备。为了避免这种情况，一些股民选择使用慢速随机指标，其平滑因子能够有效地减少误报，从而降低错误信号出现的频率。

显然，有些股民由于缺乏耐心，看到%K线快速变动时立即进行交易。依据这些信号进行交易有时能获得成功，但这种情况并不常见。在多数情况下，%D线并不会越过%K线，因此卖出信号并不能得到确认。我不能指导你如何交易，但需要强调的是，过于仓促地对市场信号做出反应往往是错误的选择。在交易中，耐心是必不可少的。

注意：要认清这样一个事实——在使用随机指标进行交易时，由于反应不够快，你难免会错过一些交易机会。

慢速、快速与完全随机指标

现在，我们来简单探讨一下随机指标的几种形式。它们主要分为三类：慢速随机指标、快速随机指标和完全随机指标。慢速随机指标，顾名思义，反应相对迟缓。这是因为该指标在计算中融入了移动平均线的概念，从而产生滞后的信号。这种特性使它特别适合波段股民、头寸股民以及短线投资者，他们追求少但质量高的交易信号。

快速随机指标对价格更敏感，因此会产生更多的信号。乔治·莱恩和他的同事先创建完善了快速随机指标。当快速随机指标和慢速随机指标并排在图上显示时，你可以看到它们的差异。更多的信号也意味着更多的假象。这就是为什么我经常提醒你在买入或卖出之前要用其他指标进行确认。随机指标非常好，但它并非完美无瑕。为了确保信息的可靠性，最佳方法是综合运用多个指标进行分析。

完全随机指标常令人感到困惑，因为它与慢速随机指标非常相似。那么，完全随机指标有什么特别之处呢？答案是你可以自定义%K线和%D线的周期数。对于希望调整变量的资深股民来说，完全随机指标是个不错的选择。相比之下，慢速随机指标的平滑周期数是固定的，无法自定义。

有些股民会问："慢速随机指标和快速随机指标，哪个更优？"这个问题并非要分出优劣，因为两者都非常优秀。关键在于调整默认设置，这样随机指标产生的信号就符合你的交易风格和策略。慢速随机指标给出的信号较少，而快速随机指标对动量变化的反应更快。两者都擅长捕捉股票的轮动。

提示：在模拟交易程序中测试随机指标，观察其是否能够产生交易信号。

第七章　随机指标

高级随机指标分析

如果你希望深入研究随机指标，图 7.2 中所示的股票图（和分析）应该能满足你的需求。

图 7.2 展示了基础资产何时处于超买状态（高于 80）或超卖状态（低于 20）。在这两种情况下，股票都准备逆转，只是不知道何时发生回调。

趋势变化

图 7.2 展示了每日价格区间（垂直线）和最近收盘价（水平线）。随机指标的一个概念是，当股票处于上升趋势时，收盘价往往接近当日的最高点；而当股票处于下降趋势时，收盘价往往接近当日的最低点。当这种情况不再出现时，一个警告信号就出现了，这表明当前趋势可能即将结束。

深入研究

在图 7.2 中，你可以看到随机振荡指标的值为 91（该值出现在图左上角的方框中），该值明显高于 80，这说明股票进入超买状态。

图 7.2 还显示，收盘价一直处于每日区间的上限。请注意，在股价最终反弹至 133 美元之前，一次下跌曾出现过。在反弹期间，收盘价并不总是接近当日的最高点，而是处于当日的下半部分。这是趋势逆转的警告信号。果然，随后股价大幅下跌至低于 122 美元。

097

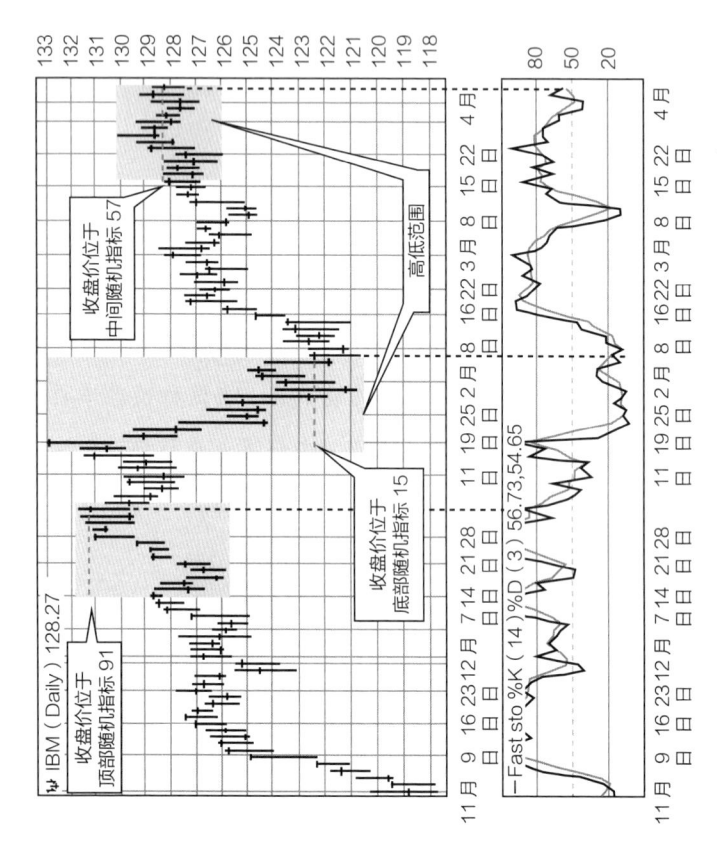

图 7.2 快速随机指标（由 StockCharts.com 供图）

第七章 随机指标

在该价位上，随机振荡指标的值为 15（见图底部中央的方框），这表明该股票已严重超卖。随着股价升至 124 美元，收盘价接近当日高点，下跌趋势结束。随着收盘高点移至中间区域，股价迅速反弹至 127 美元。

交易信号

与大多数指标不同，随机指标给出了可靠的交易信号。交易信号的产生需要满足两个条件：第一，资产必须处于超买或超卖状态；第二，较快的 %K 线必须越过较慢的 %D 线。

当两个条件都满足时，信号最为可靠。看到随机指标的值为 78 或 79（或 21 或 22）时，股民不禁会采取行动，但这违反了规则。他们预测这两条线会在一两天内交叉，但谨慎起见，我们不建议这样做。耐心等待一个真实有效的交易信号才是明智之举。

再次看图 7.2，注意随机指标图（底部）。2 月 9 日，当随机指标为 15 时，%K 线（黑线）越过 %D 线（红线，在本书中是灰线）。这是一个真正的买入信号。在超卖状态下，一旦 %K 线越过 %D 线上方，股价就会大幅上涨。

注意：计算随机振荡指标的详细步骤，请参阅本书末尾的指标术语表部分。

现在，你对随机指标有了更多的了解，我想向你介绍技分析中最受欢迎的股票图之一：K线图。许多股民依靠K线图来解读整个股市，并使用其模式进行股票交易。我想你会喜欢接下来的章节。

第八章

K 线图

K 线图是技术分析的最古老形式,它最初由 18 世纪的日本稻农引入。交易员史蒂夫·尼森(Steve Nison)首次将 K 线图介绍到西方。

尼森的书一经出版,便吸引了大批股民的注意。他们使用 K 线图来帮助炒股,而且从来没有后悔过。许多股民发现,与二维的条形图相比,K 线图在视觉上更具吸引力,并且提供了更多交易设置。

"日本人说,每一根 K 线都讲述了一个故事,"尼森告诉我,"使用 K 线图,你可以直观地看到在 K 线形成时谁掌控了市场。"

K 线图的优点在于它们不会像传统指标那样出现滞后(即不会提供延迟的信号)。K 线图更注重对当前状况的实时评估。

股民喜欢 K 线图,因为其信号非常及时。许多股民使用它来发现可能的逆转或不安全的行情。如果它的分析是正确的,股民可以在市场逆转之前买入或卖出股票。

K 线图的一个精妙之处在于它能够映射出行为心理学。通过深入研究 K 线图的各种形态,股民可以洞察整个股市或特定个股的情绪动向。这表明人们能够通过 K 线图捕捉到诸如恐惧、贪婪、绝望和犹豫不决等复杂的人类情绪。尽管这听起来匪夷所思，但 K 线图确实能够展现出这些丰富的情感色彩。

使用 K 线图的最佳方式是与其他技术指标结合。例如，波动率较低时，传统指标可能不那么有效。在这些时候，你就可以使用 K 线图。

然而，也有人批评 K 线图不提供明确的买入或卖出价格目标。正因如此，我们要将西方的技术分析与东方的 K 线图结合起来，让两者构成一种极为强大的股票分析方法。

在使用 K 线图之前，我们需要对其有一个基本的了解。本章将首先介绍 K 线图的基本概念，进而深入探讨各种 K 线图形态。同时，我还会分享一些利用 K 线图进行交易的策略和技巧。

K 线图

K 线图利用二维实体来表示任何给定时间段内股票的开盘价和收盘价的区间。最低价和最高价被绘制成一条线（影线）。开盘价和收盘价之间的价格区间被绘制成一个窄矩形（实体）。

与使用技术指标比较价格不同，使用 K 线图的股民可以通过颜色和形状直观地看到价格区间。由于其非常受欢迎，K 线图几乎可以在每个图表软件包中被找到，并且是许多图表的默认设置。

第八章　K线图

K线图由四个部分组成：最高价、最低价、开盘价和收盘价。K线图上可以显示这四个部分的不同组合。图 8.1 显示了 K 线图的这四个部分。

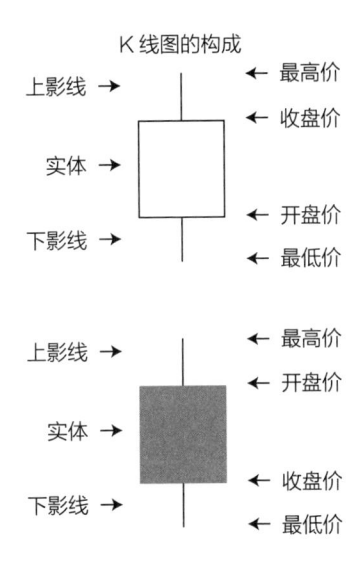

图 8.1　K 线图的构成（由 StockCharts.com 供图）

掌握 K 线图的关键在于细心观察 K 线图中各部分的交互关系。尤其要密切关注它们形状、颜色和大小的变化。这些变化为我们提供了重要线索，有助于我们判断股市情绪或预测即将到来的趋势逆转。K 线图不仅能够发出风险警报，还能解除警报。

K 线图颜色

K 线图会显示不同的颜色，如绿色（牛市）和红色（熊市），但颜色的显示方式取决于你的软件，它是可以定制的。

在本书中，你会看到实心或空心的 K 线图。

K 线图的基本颜色何时出现？

- 收盘价高于前一收盘价时，绿色 K 线图出现。
- 收盘价低于前一收盘价时，红色 K 线图出现。
- 当前收盘价低于同一时段的开盘价时，实心 K 线图出现。
- 当前收盘价高于同一时段的开盘价时，空心 K 线图出现。

K 线图的基本形态如图 8.2 所示。

K 线图分析

通过研究 K 线的形状、长度，以及实体部分是空心还是实心，我们就能够洞察到股市是熊市还是牛市。

随着股价的涨跌，K 线会展现出各种形态。这些形态为我们揭示了未来市场的走势。同时，它也能帮助股民判断买卖的强弱。成交量有助于确认价格变动。K 线图包含了大量信息，印证了老话：一图胜千言。

提示：最终，你希望用 K 线图解答以下四个问题。

1. 股票的开盘价是多少？
2. 收盘价又是多少？
3. 与前一天相比，开盘价和收盘价有何变化？
4. 当日的最高价和最低价分别是多少？

第八章 K线图

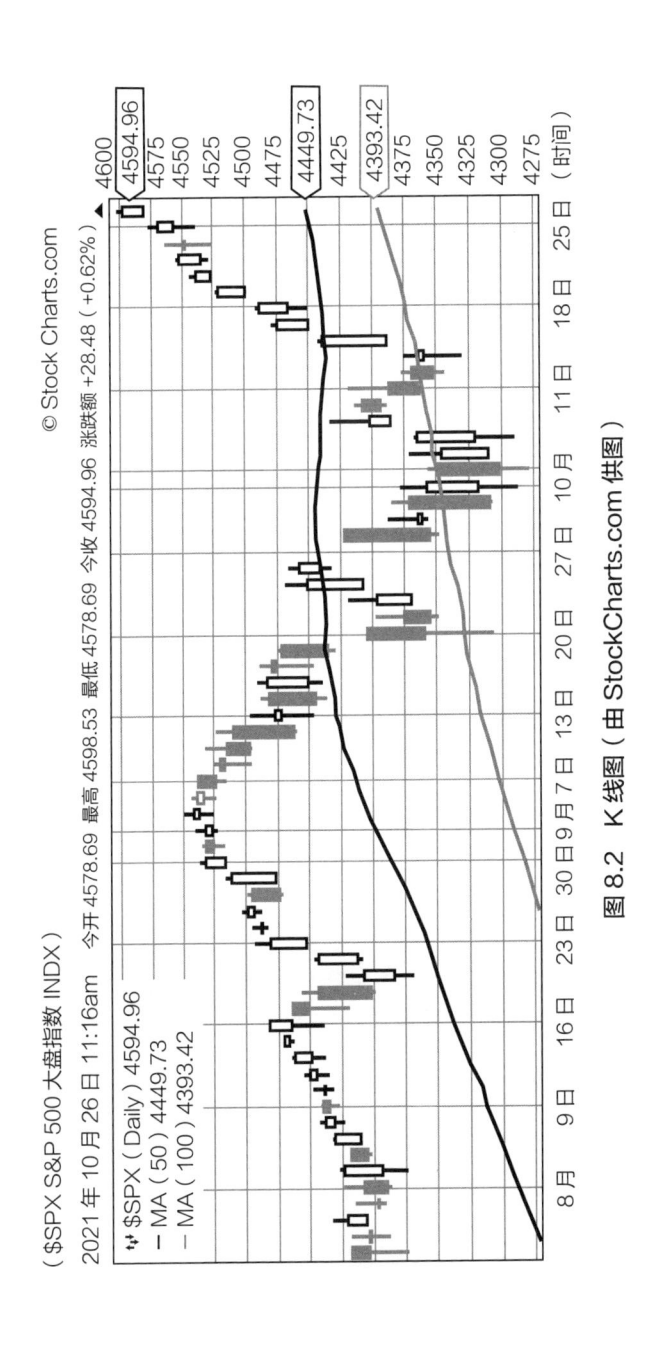

图 8.2 K线图（由 StockCharts.com 供图）

105

实体

K线图中较粗的矩形部分被称为"实体"。它展示了股票开盘价与收盘价之间的区间。对于"K线图分析师"而言,深入理解开盘价与收盘价之间的联系至关重要。

我们也可以从另一个角度来理解K线图实体,把它想成一个战场,熊市和牛市在其中争夺主导权。我的一位朋友形容,这类似于一个角斗场。

实体有时长,有时短。实体长表示一方明显占优势,如长绿K线反映了强烈的买入压力,而长红K线反映了强烈的卖出压力。

短K线说明价格正在盘整,也就是说,价格没有向任何一个方向大幅波动。

短实体表明了熊市和牛市之间的争夺,但双方都没有占据明显优势。尼森解释说:"当实体变得越来越小时,我们会变得紧张,因为这表明供需关系正趋于平衡。"

> **提示**:有时实体根本不出现,这是因为开盘价和收盘价之间的差距极其微小(可能仅有几分钱的差异),在这种情况下,实体仅表现为一个"#"号。

关注开盘和收盘

很显然,一天中最重要的时段是开盘和收盘。在交易日的最初五分钟内，K线图可能无法形成。前面已经提到，这五分钟被大家称为"业余时间"，因为在这个时间段，许多缺乏经验且情绪激动的股民会进行大量的买入或卖出操作。这种情况很容易让人产生误判。

影线揭秘

从实体部分伸展出的线条被称作"影线"。通过观察影线的长度，我们可以迅速洞悉当前股市究竟是熊市还是牛市。

影线反映了当天价格的高点或低点。例如，一根长长的上影线表明当天的高点远高于开盘价和收盘价（看涨）。相反，一根长长的下影线表明当天的低点远低于开盘价和收盘价（看跌）。影线为你提供了许多重要的线索。

图8.3展示了长上影线和长下影线。

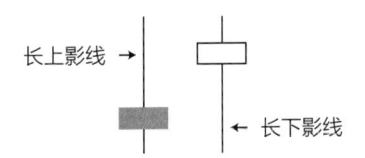

图8.3 影线（由StockCharts.com供图）

K线图形态

K线图组合形态有上百种，但你并不需要全部掌握，且大部分的形态都无须了解。你只需学习几种最常见的形态就足够了。

轻松找到这些K线图形态的一个方法是用软件。计算机会帮你找到这些形态，并指导你如何使用它们。

注意：如果你不知道如何操作，请咨询你的券商公司是否有可以检测K线图形态的软件。

接下来，我将讨论几种最有趣的K线图形态（它们不一定是最热门的）。如果你一开始就认出其中的几种，那你就非常棒了。如果你想了解更多K线图知识，你可以在"资料"部分阅读关于史蒂夫·尼森著作的相关信息。

十字星：一种不确定的形态

十字星是非常受欢迎且易于识别的一种K线图形态。由于其频繁出现，一些新手股民在看到它时会过度交易。但需注意：仅仅看到十字星，并不意味着你可以立即进行交易。

十字星的特点是细小的线条以及相等的开盘价和收盘价。换句话说，它没有实体，只有一个十字，这个十字意味着市场在熊市和牛市之间犹豫不决。如果看到十字星，买股就要谨慎。

十字星主要有两种类型：看涨十字星和看跌十字星。顾名思义，绿色十字星代表看涨，而红色十字星代表看跌。

十字星形态的出现源于买卖双方对细微价格变动的激烈博弈，正因如此，十字星的区间紧密，波动率被压缩。这种形态往往暗示动能正在减弱，但逆转并未发生。换言之，股市似乎对于未来的走向持有一种不确定的态度。

可以把十字星形态看作一个暂停信号。在买入或卖出之前，明智的做法是等待下一根 K 线形成。而有些初学者会犯一个错误，那就是过早地行动。

提示：西方技术分析师可能会将十字星称为"盘整"。当十字星出现时，要小心，逆转可能会出现。

图 8.4 显示了股票图上十字星的形态。

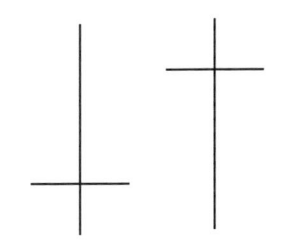

图 8.4　十字星（由 StockCharts.com 供图）

请注意，图 8.4 中的十字星有一个小实体以及短小的上影线和下影线。开盘价和收盘价相等，由此形成的十字即为十字星。

十字线魅力非凡，因为在股市停滞时，它预示着即将到来的大规模看涨或看跌逆转。然而，这也是一些股民误入歧途的原因！在看到十字星形态后，他们自以为能准确预判股市的走向。一旦判断失误，他们便会陷入亏损。

提示：除了前面提及的"传统"十字星，其他四种类型的十字星还会时常出现——长腿十字星、蜻蜓十字星、墓碑十字星和四价合一十字星。然而，这些形态主要适用于对K线图有深入研究的专家。对于初学者来说，建议先熟练掌握传统的十字星。

在介绍更多K线图形态之前，为了帮助大家降低投资风险，我们先来讨论一下K线图存在的一些缺点。

错误信号和K线图的其他问题

K线图的一个优势是它们能提供早期信号。然而，K线图并非100%准确，错误或相互矛盾的信号经常会出现。当这种情况发生时，最明智的举动是减少交易份额或暂停观望，直到信号更加明朗为止。

股民通常看到了一个十字星后就立即采取行动。例如，他们认为股市即将出现逆转，于是他们做空股票。当交易失败后，他们又会感到失望。

要确定任何信号的有效性，你必须结合其他指标进行综合考量。尤为关键的是，要耐心等待其他K线图形态的显现。在整个K线图完全清晰之前，务必保持耐心，避免过早涉足交易。

最后，如前所述，切勿仅依赖K线图或一个技术形态来做决定，而要将二者结合起来进行综合考量。

大阴烛：危险在前

大阴烛这种形态相对罕见。它只有实体，没有上影线或下影线。如果你在图上看到无影长烛，请不要惊慌，但要引起注意。

大阴烛是一个值得注意的警告信号。我的一位股民朋友说："它是一个'显眼包'。别去招惹它，否则会出大乱子。"

这种看跌形态的形成，是因为开盘价是当日的最高价，而收盘价是当日的最低价，这导致全天的卖出压力很强，而买家却寥寥无几。

首先观察图底部的成交量。巨大的成交量表明抛售压力是真实存在的。由于这种看跌的K线图出现逆转很少会发生，在众人纷纷抛售之际，及时清仓是审慎之举。

一些股民一看到大阴烛就想立即做空，这是一个冒险之举。在决定做空或清仓之前，要用技术指标（包括支撑位和压力位）进行确认，以确保股票正在下跌。

图 8.5 显示了大阴烛的形态。

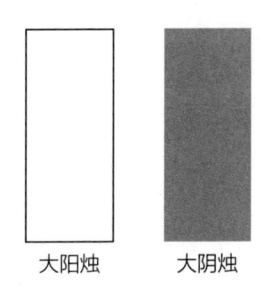

图 8.5　大阴烛（由 StockCharts.com 供图）

纺锤线：是时候休息了

纺锤线形态与十字星颇为相似，两者同样都预示着股市可能出现逆转，特别是在前期股市走势强劲之后。但与十字星不同，纺锤线的实体较小且呈方形。

纺锤线代表股市暂时休整，既不是牛市，也不是熊市。市场波动率较小，交易活动也不频繁。明智的投资者看到这个形态后会选择静观其变，直到下一个K线图形态出现，它将带来更准确的线索。

看跌孕育形态

孕育形态可分为看涨和看跌两种，有两个实体的看跌孕育形态更有意义，它会给出一些警告信号。这种形态（一根长阳线后跟着一根小阴线）暗示股市存在下行逆转的可能性。

> 提示：实体越小，逆转的概率越高。如果你看到这种形态，请密切观察，不要立即采取行动。耐心等待另一个K线图形态的出现。

看涨吞没形态

看涨吞没形态（见图8.6）与看跌孕育形态相反。这种可靠的形态预示着股市将出现上行逆转。它通常发生在下跌趋势中，但在第二天，股市就会改变方向。

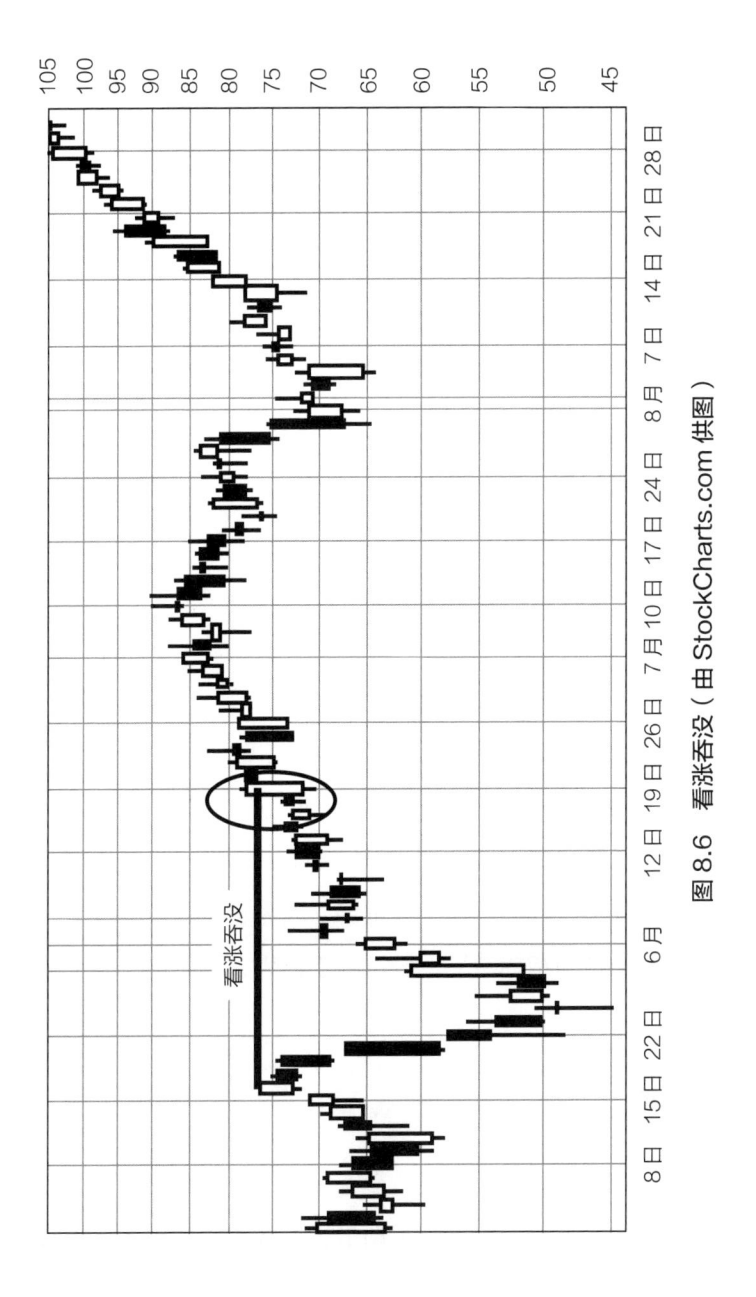

图 8.6 看涨吞没(由 StockCharts.com 供图)

在图上，牛市占据了主导地位（空心实体的收盘价高于前一天的收盘价，并且"吞没"或覆盖了实心实体）。这是一个看涨信号。成交量的增加证实了看涨趋势。

锤子线

另一种广受欢迎的K线图形态是锤子线。标准的锤子线是看涨信号。如果股票的交易价格远低于其开盘价，但随后反弹至接近或高于开盘价收盘，则可能形成锤子线。要形成锤子线，影线的长度必须至少是实体的两倍。

换句话说，股价一直大幅下跌，形成了一个底部，这吸引了买家且价格逆转形成。

早晨之星

这种K线图形态被用于找出潜在的趋势逆转。在经历一段下跌趋势后，你应该可以看到至少三根绿色K线，这表明股市可能发生看涨逆转。你可以用技术指标进一步确认这一趋势。确认成交量在增长也十分重要，因为它能证实股市走势的强度。如果各项指标均显示股市处于强势，那么这是一个交易机会。

乌云盖顶

乌云盖顶是一种看跌逆转形态，有助于识别市场顶部。它之所以重要，是因为它显示了动量从正转负的变化。它表明买家正在放弃希望，而卖家却越来越有信心。看到这种形态后，股民通常等到第二天再进行交易。

乌云盖顶由两个实体组成。第一个实体延续了上涨趋势。它很长，是一种看涨形态。第二个实体在第一个实体的高点之上开盘，但收盘价却低于开盘价，它是一种看跌形态。

识别 K 线图形态

K 线图的新手可能会被这些形态弄得晕头转向。显然，这不是你在几天内就能完全掌握的东西。我能给出的最好建议是：不要着急，一次只学一个形态。

例如，你可以从十字星开始，尝试在各种股票图上识别它。然后，增加你想要识别的形态数量。我想强调的是，你现在还处于"图表识别"阶段，而不是交易阶段。

在识别形态的过程中，学习每个实体的含义，并思考如何进行交易。当你认为自己能够识别出一个形态并理解其作用时，你就可以在券商公司的模拟交易程序中进行模拟交易了。

图表形态：从双底到三角形

如果你刚刚读完关于 K 线图形态的内容，我建议你稍做休息，然后再继续阅读下面的内容。它将介绍一些流行的图表形态。

图表形态背后的理论是，由于股民会重复相同的交易行为，图表形态也会反复出现。虽然并非万无一失，但根据形态进行交易往往是有效的。职业股民也会这样做。我们的目标是让你获得其他股民没有的优势，而识别图表形态就是实现这一目标的一种方式。

经典（或西方）技术分析中最常见的三种形态是双顶、双底和头肩形态。我在之前的著作《走进股票》中详细讨论过这些形态。下面我会对它们进行快速回顾。

此外，我还会回顾一些更高级别的形态，如三角形、旗形、三角旗形和楔形。这些形态在图表中频繁出现，为股民提供了看涨或看跌的交易信号。资深股民经常利用这些形态来洞察股市未来的走势。

股民使用这些形态的一个原因是，这些形态中有许多可以转化为实际的交易。举例来说，有报告显示，在看到下降三角形后，股市有70%的概率走高。

根据形态进行交易是基于概率的，因此错误的信号不可避免地会出现。不是每个人都能看到这些形态。有些股民更擅长视觉分析，而有些股民则更擅长数学分析。哪种方法更适合你，这并没有一个正确的答案。

双底（看涨形态：像W）

双底是一种很容易识别的股票形态，在图表上反复出现，在整体市场（如道琼斯指数或标准普尔500指数）上尤其容易被发现。

双底形态看起来像是一个 W。股票或指数下跌到一个支撑位，然后上涨，再次回到支撑位，但没有跌破。股票没有跌破支撑位表明，它可能从看跌形态转变为看涨形态。

请记住，双底形态可能会迅速发展，也可能需要数周或数月的时间才能形成。当股价从第二个底部上升时，技术人员会观察到成交量的增加，这证实了该形态的有效性。

与所有其他图表形态一样，图上的 W 并不一定是一个交易信号。仅仅看到图上的双底形态就贸然持仓，这是一个严重的错误。

双顶（看跌形态：像 M）

双顶是另一种常见的看跌形态，它与双底恰好相反。此形态的特点是在相同的价格水平（即压力位）附近形成两个峰顶。在上升趋势后，若股价两次尝试突破该压力位均告失败，这就表明上升趋势即将结束。

当股价无法突破第二个峰顶并开始下跌时，双顶形态就完成了。在股价下跌时你要寻找增加的成交量，从而确认这一看跌形态。

头肩反转形态

最可靠的一个形态是头肩反转形态。它表明在上升趋势的顶部买盘已经停止，并准备逆转方向。如图 8.7 所示，该形态确实看起来像头和肩膀。

在图 8.7 中，股价走高但回调形成左肩。然后继续走高形成头部，因为价格超过了之前（左肩）的高点，所以看起来是看涨的。然后，股价回落到支撑位或颈线（两个支撑位的对齐）。

股价再次上涨形成右肩，但未能突破压力位（头部的高价位）。此时，请盯紧颈线，当股价跌破该位时，做空或清仓就可以稳赚一笔。

颈线的突破表明上升趋势已经结束并出现逆转。在形态形成的过程中，成交量通常会缩减。一旦股价跌破颈线，尤其是当股价大幅下跌时，成交量可能会激增（这是技术人员希望看到的）。

现在，你已经熟悉了一些最基本的形态，让我们再学习一些图表上经常出现的形态。这些形态对初学者来说可能不太容易理解，但它们值得学习。

三角形

三角形是一种持续形态的一部分。它表明股票正在继续朝同一方向移动，在此过程中可能会出现盘整，但由于波动率的持续压缩，这一趋势仍然保持不变。三角形可以是看涨、看跌或中性。最重要的是，股民可以利用这些形态来帮助他们预测未来可能发生的情况。

三角形有三种类型：上升三角形、下降三角形和对称三角形。

- **上升三角形（看涨）。** 当两条趋势线汇聚形成一个三角形时，看涨的上升三角形就会出现。两条汇聚线相交的点就是该三角形的顶点。股价会走高并突破压力位。

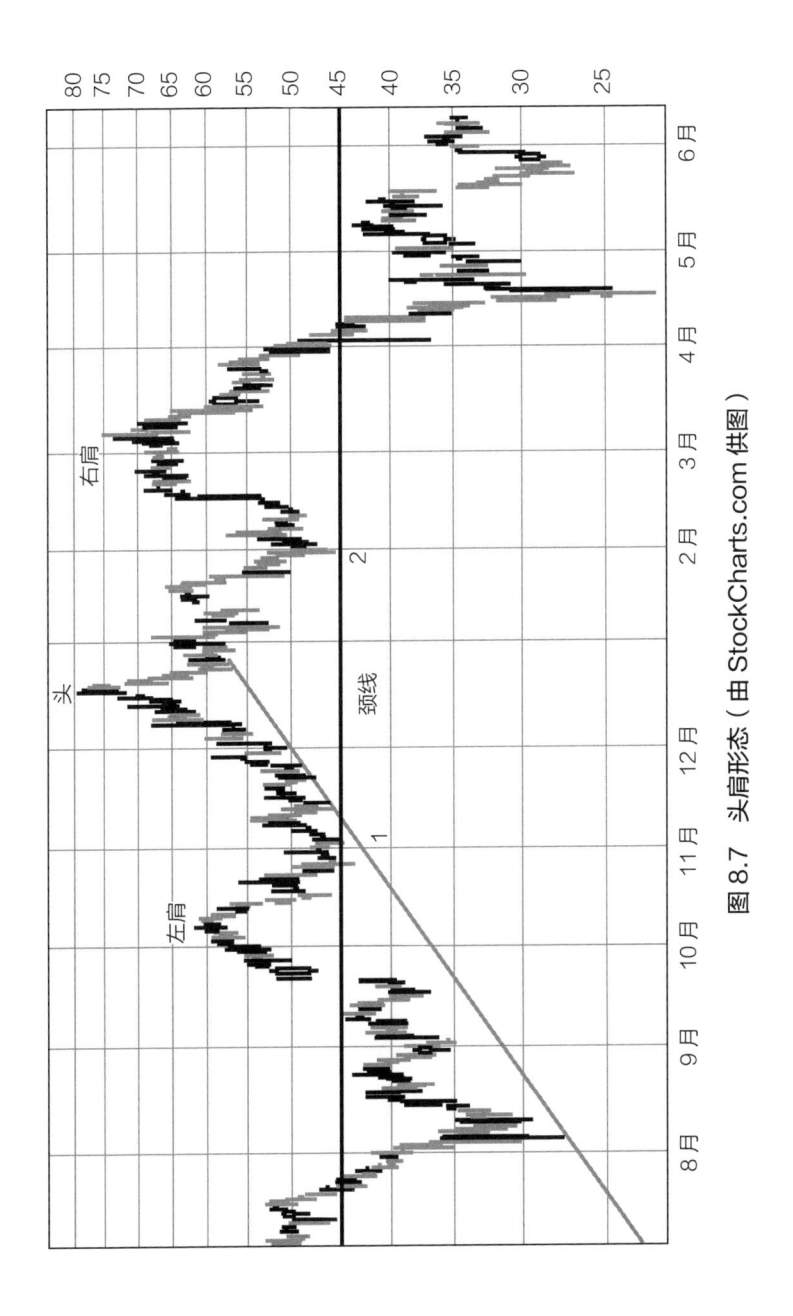

图 8.7 头肩形态（由 StockCharts.com 供图）

该形态吸引了许多股民的注意，当股价走高时，突破的概率会增加。

注意：在看涨上升三角形形成的过程中，成交量通常会有所增加。图 8.8 显示了一个看涨上升三角形。

- **下降三角形（看跌）**。下降三角形是上升三角形反过来的形态。股价跌破支撑位，并不断创出新低。两条汇聚线相交的点就是该三角形的顶点。股价走低并跌破支撑位。做空的人发现下降三角形时，就准备出手了，因为股价崩盘的概率增加了。
- **对称三角形（中性）**。在技术分析中，旗形和三角旗形是三角形家族中的一员。很多技术员认为，三角旗形和旗形给出的信号最可靠，因为它们是延续形态，股票往往会先横向移动，后继续呈现走高或走低的趋势。

注意：一方面，三角形是中间形态，这表明三角形需要一个月或更长的时间才能形成。另一方面，旗形和三角旗形是短期形态，一至三周就能形成。

旗形

旗形是股价急剧变动后的一种短期盘整形态，它显示出股市在快速波动后的一个短暂平稳期。股民普遍认为，

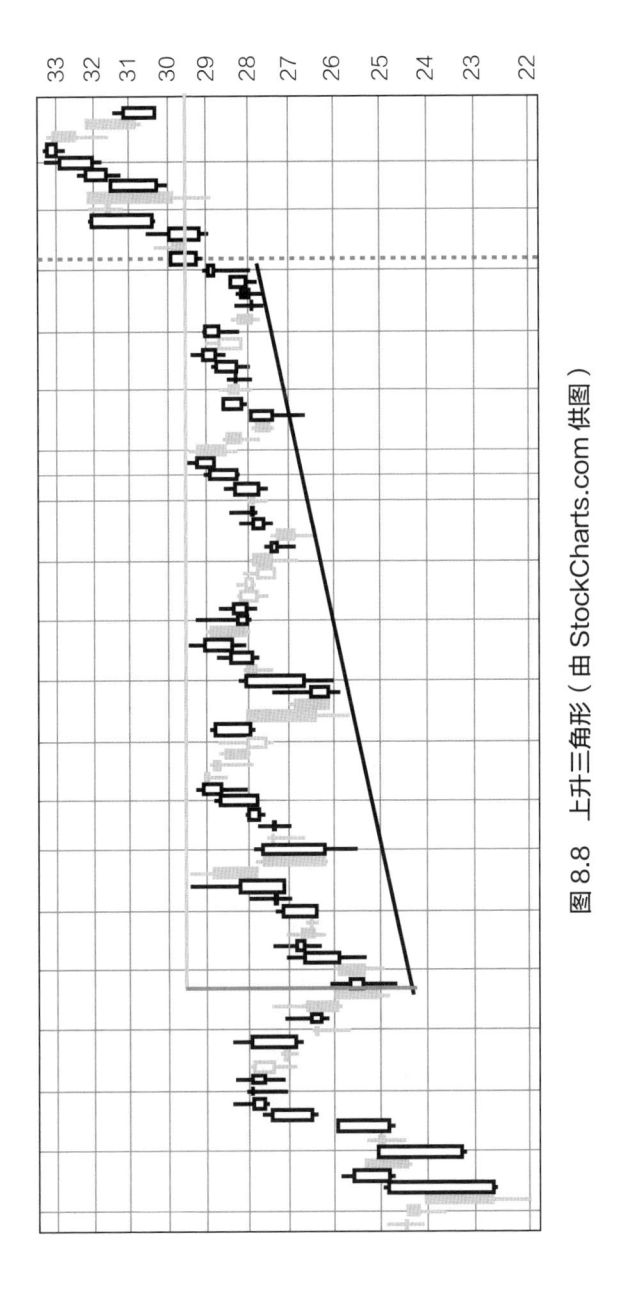

图 8.8 上升三角形（由 StockCharts.com 供图）

这个形态表明股市在积蓄力量，准备"起飞"。旗形是一种稳定的形态，逆转方向很少会显现。

成交量的增加确认该形态已经形成，且当前趋势是有效的。尽管旗形与三角旗形在外观上相似，但旗形的两条趋势线是平行的。如图8.9所示，看到这种形态时，你会发现它确实与真实的旗帜颇为相似（甚至还有自己的旗杆！）。

注意：看跌旗形在股票图上显示为倒旗形。

三角旗形

短期三角旗形与旗形相似，只是三角旗形的两条趋势线相交形成一个三角旗的形状，而不是旗子的形状。换句话说，三角旗形本身相比旗形更趋于水平，但其上下两边是向中心倾斜的。

旗形和三角旗形这两种短期形态都代表当前趋势的停滞。在该形态的形成过程中，要确认成交量的增加，从而确认当前趋势是有效的。

注意：在旗形和三角旗形开始形成时，成交量非常小。突破后，成交量会随之增加。

楔形

楔形与三角形相似，两条趋势线汇聚成顶点。两者通

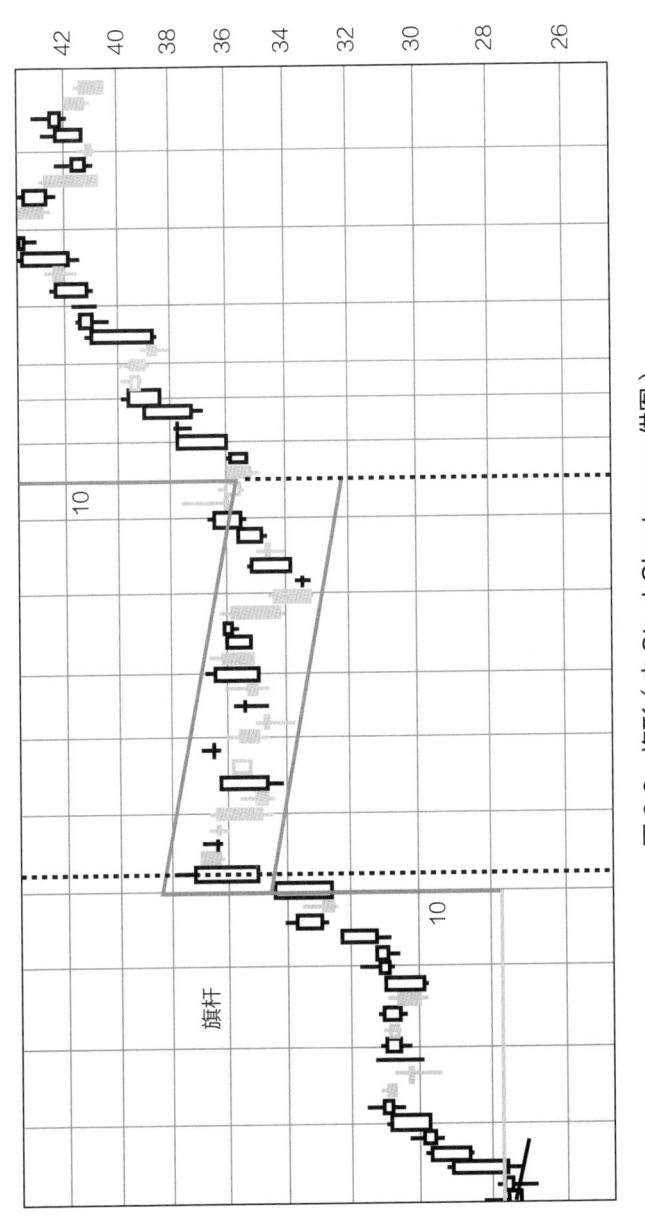

图 8.9 旗形（由 StockCharts.com 供图）

常都需要一到三个月的时间才能形成（楔形可能需要更长时间）。

三角形和楔形的主要区别是趋势线的倾斜度（角度）。上升楔形的趋势线向下倾斜（看跌逆转形态），而下降楔形的趋势线向上倾斜（看涨逆转形态）。楔形和三角形的汇聚趋势线向着与当前趋势相反的方向倾斜（就像旗形一样）。

注意： 如果你对这些图表形态感兴趣，并想深入了解它们，你可以阅读约翰·墨菲的《金融市场技术分析》一书。本章讨论的所有形态都包含在他的书中。

现在，你已经对技术指标、振荡指标和K线图有了透彻的理解。下面，我们将理论用于实践。在第三部分，你将学习一些交易策略，包括趋势和动量交易策略。我相信你会对这些方法产生浓厚的兴趣。

第三部分

趋势和动量交易策略

在掌握如何运用指标、振荡指标以及 K 线图之后，下面准备学习趋势和动量交易这两种核心策略。无论是在何种时间框架下进行交易，你都需要运用到这两种策略中的一种。在接下来的内容中，你将会学习这两种交易策略。

我们将先介绍一种全球范围内最受欢迎的投资和交易策略——趋势交易，也称为趋势跟踪。不少凭借趋势交易取得成功的投资者，正是通过本章阐述的原理实现了丰厚的财富积累。趋势交易看似容易理解，但用它获利绝非易事。

第九章
短期趋势交易

许多股票交易类书籍都阐述了趋势交易的优点。其核心理念在于依赖市场趋势的力量，驱动指数或股价持续上涨（或下跌）。股民在与当前趋势相同的方向上建仓，这就如同搭乘一辆顺风快车。目标是跟随该趋势，直到该趋势结束，同时避免持有与当前主导趋势相反的股票。

股市中主要存在三种趋势：上升趋势、下降趋势和横盘趋势。在上升趋势期间，股民会买入股票并做多；而在下降趋势期间，他们会做空或暂时离场观望。

横盘趋势是最难应对的情形。大多数趋势股民在这种情况下会选择等待，直至股价突破横盘。

趋势交易既是短期策略，也是长期策略。在本章中，我们将重点探讨短期趋势交易。然而，每笔交易的持续时间并没有被预先设定。趋势股民会持仓直至相关趋势结束。

在趋势早期就抓住机会，这无疑令人激动。如果你能始终紧跟趋势，你就有机会获得丰厚的收益。跟随趋势的时间可以短到几分钟，长到数年。正因如此，趋势策略才会广受欢迎。

趋势股民乐于持有那些在市场动能减弱、波动率较小的情

第九章 短期趋势交易

况下,仍能缓慢上升的股票。成功的趋势股民必须学会耐心等待趋势的形成。

有时,趋势会沿着一个方向持续较长时间;而在另一些情况下,趋势会突然消退。对于趋势股民而言,理想的股票能够在单一方向上稳定运行,而且(幸运的话)能够运行数天、数周甚至数月之久。在这些时期,趋势追随者有望获得丰厚的回报。

我深入研究了趋势交易策略,并将其应用到我的实践中。我发现,在股民中,"趋势"这个概念并没有一个所有人都认可的标准定义。但就我们的讨论而言,投资者通常会跟随长期趋势。真正意义上的趋势交易是一种全仓或空仓策略。

而短线股民通常会跟随短期趋势进行交易(短期趋势与长期趋势永不相容)。这些短线股民依赖技术分析来决定建仓还是退仓。他们还可能采用对冲、逐步加仓或减仓的方式进行交易。

从理论上来说,对冲和逐步加减仓的做法与趋势交易法则是矛盾的。然而,灵活调整这种策略(包括本书中介绍的所有策略)并无不妥之处。只要能带来收益,你就应该坚持对自己最有效的交易策略。

以上是我对趋势交易的个人解读。对于那些想要深入了解趋势交易的读者,建议你们继续学习和研究。本文是一个通俗易懂的趋势交易入门指南。

像一块磁铁

想象一个巨大的磁铁,它能吸引数十亿的资金。随着股价上涨,更多的资金被这个磁铁吸引过来。如果你能紧跟这一趋势,你就会长久地赚钱。

如果你能盯准趋势的苗头,顺势而动,获利后就全身而退,那你可能会喜欢这种策略。问题在于短期内市场趋势往往不太明显,也不够稳定。股市上充斥着假突破信号、假逆转信号、假回调信号以及假反弹信号。换句话说,趋势跟踪者会遇到无数次假信号,并遭受小额亏损。

投资者在买入持有股票时忽视短期波动(即市场波动率),这一点并不令人意外。实际上,这是一种相对更为轻松且压力较小的投资方式。请注意,我并非暗示买入持有策略绝对优于其他投资方式。我想强调的是,它更为简单。

你读这本书是因为你对炒股感兴趣,并不一定想要买入持有。如前所述,趋势交易策略既可用于长期投资也可用于短线操作。庆幸的是,股民拥有一套强大的工具:指标与振荡指标。

这些技术分析工具可以帮助股民找到市场趋势,确定何时进入和退出。当一只趋势股票过度超买或超卖时,这些工具会提醒你及时退出。这些工具就是你的投资伙伴。

那些不相信技术分析的投资者限制了自己的投资机会。他们期待自己持有的股票以及整个股市能无休止地持续上涨,这种期望偶尔会成真，但很多时候并不如愿。

实际情况是，市场或股票不太配合，不会遵循常规模式。这时，你会庆幸自己研究过类似移动平均线和异同移动平均线这样的趋势跟踪指标。这些指标让你紧跟股市的主要趋势。

注意：有时，市场上没有任何趋势（这种情况被称为盘整）。当股市处于盘整期时，请保持冷静观望，因为趋势可能随时改变方向。

为了让你顺利成为趋势股民，下面为你提供了一份看涨技术信号清单，你用短期趋势交易策略时可以参考它，可从你偏爱的指标（最好能结合至少两个指标）产生的信号中捕捉买入或卖出的信号。

技术趋势交易信号（看涨）

- **移动平均线**。你要关注越过 50 日、100 日和 200 日移动平均线的股票（短线股民会选择更短的周期）。
- **异同移动平均线**。如果异同移动平均线在 0 线上方，且越过 9 日信号线，则为一个看涨信号。
- **支撑位和压力位**。股价需在支撑位之上，并且还必须得到其他技术指标的确认。趋势股民应尽量顺应上升趋势。只要股价保持在移动平均线（即支撑位）的上方，你就没有必要于急于卖出。

趋势破位的技术指标

趋势股民倾向于在市场趋势向好时持有股票。然而，一旦趋势破位，大多数短期趋势股民便会寻找退出的机会。

有许多线索表明短期趋势已然破位。当股价跌破20日、50日或100日移动平均线等主要支撑位，并且没有回升至平均线之上时，这就是一个危险信号。原先的支撑位转变成了压力位。

另一个线索是动量碰壁。如前所述，动量会在股价变动之前变化。因此如果动量停止增长，趋势可能会发生变化。你要像侦探一样，整合所有的线索，找出潜在的趋势逆转信号。

请记住，这仅仅只是一些线索，提醒你信号逆转可能发生，但不能保证逆转一定会发生。技术分析具有一定的科学性，但解读这些信号更像一门艺术。每个人都在关注这些相同的信号，但唯有那些能够准确解析信号的人，才有可能在投资领域取得成功。

趋势交易失效

趋势交易也存在一些弊端。例如，许多趋势还未成形便早早夭折。此外，找准时机进入趋势也很难，因为股价会剧烈波动。很多时候，市场趋势不明朗，因此你无法依据趋势进行交易。如果这种情况发生，请耐心等待时机，不要盲目交易。

对某些股民来说，一个坏消息是市场趋势不明朗的情况有时会持续数日或数周，甚至会持续很长时间。在这种情况下，要耐心等待，还需要寻找有效的策略。

提示：市场趋势不明朗时，一种有效手段是采用卖出看涨期权（参见第十九章）。

在了解了趋势交易后，接下来为你介绍金融市场中一种强大但鲜为人知的趋势。

市场中最强势的股票形态：压路机

有一种短期趋势会在早上开盘时开始形成，在午后逐步积蓄力量，在下午势不可挡。如果能发现这种趋势，股民就能不费吹灰之力地大赚一笔，技术分析人员称其为"趋势日"。

我认为"趋势日"在描述"丰厚收益"时显得过于平实。因此，我将其更名为"压路机"，它更能准确描述这一现象。

如果你问股市技术分析师，压路机是什么，他们可能会一脸茫然。那些严格遵守趋势交易规则的人对概念定义极其挑剔，他们不喜欢你用"压路机"这个名称。另外，行业内部对

"趋势日"的确切定义存在分歧。

不妨将注意力集中在这个惊人的股票形态上。如果你只专注于交易"压路机",你也能实现不错的收益。归根结底,追求盈利应当是你炒股的核心所在。

压路机

压路机可以是看涨压路机,也可以是看跌压路机。压路机的独特之处在于:它往往平稳开局,随后积蓄力量,逐渐变得势不可挡,在这个过程中,任何人都无法减慢它的速度或扭转它原有的方向。压路机极为强大,无人可挡。

在图 9.1 中,股价全天展现出强劲的上涨态势,成功突破了日线图上的移动平均线,这一表现有力证明了当天的走势就是压路机。

注意:在接下来的五日内,特斯拉股价一路上涨,压制了所有试图阻遏其上涨的做空者。

看涨压路机

通常来说,在期货市场(盘前),压路机会初现端倪,这表明接下来会迎来一次开盘看涨,涨幅大概率会超过1%或2%。看涨压路机在当天出现的概率较高,有时甚至在开盘后一个小时就出现。如此强大的趋势会令你瞠目结舌。在美国东

第九章 短期趋势交易

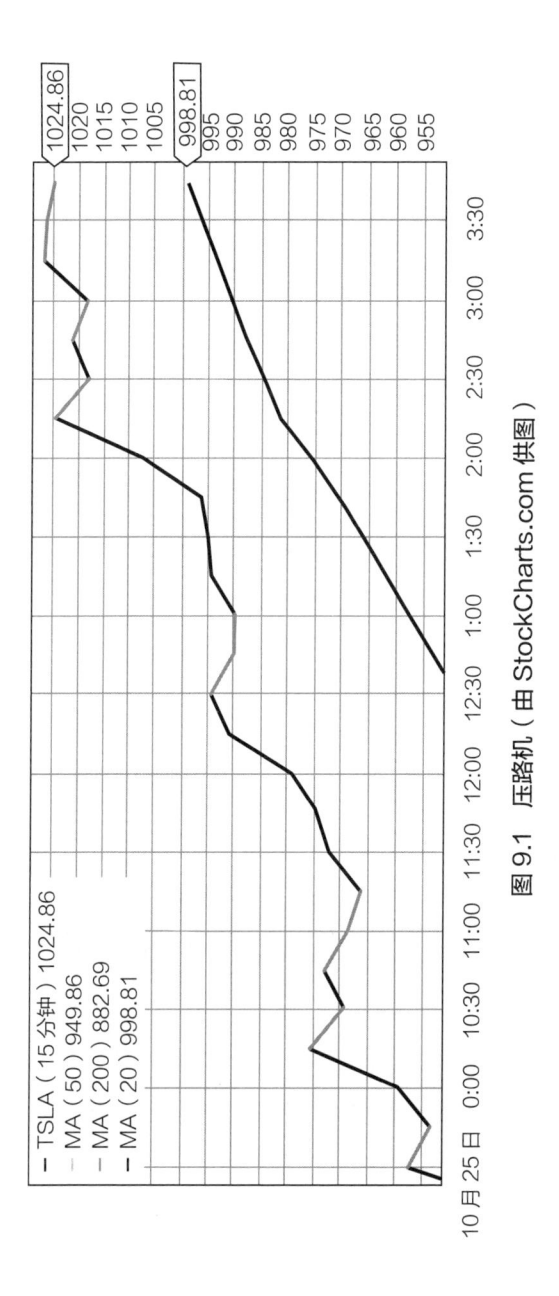

图 9.1 压路机（由 StockCharts.com 供图）

133

部时间上午 9 时 30 分市场开盘后，股价便会迅猛上扬，这就是压路机可能出现的第一个线索。

注意：通常情况下，压路机的出现需要一定时间。切勿犯新手常犯的错误，即在刚开始的几分钟内就急忙追涨。股市中常有这样的现象，某只股票起初表现强劲，但几分钟后便失去上涨的动力（我称这种现象为"昙花一现"）。

判断压路机出现，你至少需要等待一个小时，因为行情可能出现波动，同时可能伴随假突破和短期回调的情况。若是真正的看涨压路机，它可以不受任何影响，一路上涨。

午盘

如前所述，开盘后的头一个小时你就有可能发现看涨压路机的迹象，但并非每次都能看出。耐心观察这种趋势在偶尔的微小波动中逐步增强力量。如果遇到真正的看涨压路机，其走势会随着时间的推移愈发强劲，尤其到了午盘，其上涨势头无人可挡。若能提早发现这一趋势并成功买入，你将能大赚一笔。

一旦看到压路机出现，你不宜逆势而行。逆势而行者会后悔自己的决定。这一趋势难以阻挡。

压路机通常会在下午积聚力量，且保持上升势头直至收盘。在此期间，它会吸引越来越多的追随者，如当日股民、投资者和算法交易程序。如此强大的买盘压力就像潮水一样带动所有主流股票一同上涨。

压路机日

你也许会疑惑，既然看涨压路机具有如此显著的盈利潜力，为什么大家不在压路机日那天买入呢？答案其实很简单：他们确实会买入！不少资深投资者一旦发现这一趋势，便会毫不犹豫地买入，这就是为什么看涨压路机在早盘阶段温和启动，随后在午盘逐渐积聚上涨势头的原因。

一些基金经理能够察觉出哪些股票或指数正吸引资金流入（即订单流），然后迅速买入订单。接下来，算法交易程序也会参与交易，助推市场进一步走高。

熟知市场行情的散户也可能会买入，并有望从这一强劲趋势中获利。若能凭借技术工具抓住这一时机，无论短期还是长期投资，你都能斩获收益。买空者的胜算更大，明智之举便是紧跟趋势，借机买入，否则就会被碾压。这时必须要紧跟趋势。

唯一的输家是那些试图做空这只无情巨兽的投资者。即使是专业的做空者，若在上涨趋势面前逆势而为，也会被压路机碾压。做空者迫于困境，不得不买入平仓，这反而加剧了股市的上涨势头。

到了下午盘交易时段，除非出现重大负面消息，否则这种强劲的上涨行情很难逆转。

注意：有时，股市开盘之初便表现出强劲涨势（涨幅超过 1%~2%），但当天并未持续走高，这种情况不是压路机。真正的压路机在全天交易时段都在逐步积累动能。看涨压路机不常见，但值得等待。它在牛市环境下较为常见，而看跌压路机则更多出现在熊市环境中。

提示：压路机的一个显著特点是，在早盘期间呈现上升趋势，且波动较小。这正是许多股民误判压路机的原因。正因如此，他们未能参与股市（甚至错误地选择做空）。尽管表面上波澜不惊，但趋势背后蕴藏着巨大的力量。

为什么有这么强大的力量呢？因为华尔街的众多股民纷纷加入这场上涨潮流，其中包括各类机构投资者，他们在对冲做空或追求投资回报。一旦这些大型机构开始大举建仓，他们不太可能在短期内迅速离场，这也正是压路机能够在数天甚至更长时间内持续存在的原因。

月末和季度末

你应在交易日历上标注每月月底和每季度末尾（即最后 3 日）。在这段时期，对冲基金、共同基金和各大机构会实施业内俗称的"橱窗装饰"策略。对于喜欢压路机的股民来说，这些日子是有利的。

此时，基金经理必须向客户展现他们手中所持的大多数股票均有良好表现，且亏损的股票较少。最关键的是，基金经理需要证明自己超越了基准指数（如标准普尔500指数）。在这些特别的橱窗装饰日上，某些盈利股被人为推高至非理性价位。

在季度末尾，部分股票被炒至超买状态，这一现象确实让人难以置信。由于"橱窗装饰"的影响，某些股票极有可能在这几日大涨。在金融圈里，基金经理更愿意说，他们在追求超额收益，即力争实现基金净值增长超出了业绩基准指数（如标准普尔500指数）。

不了解这一现象的空头者，在遭遇轧空（即股价迅猛上涨迫使空头不得不高价买入股票以平仓止损）时，会损失惨重。这些因平仓而产生的被迫买入行为进一步抬高了股价。

当机构大量购入盈利股时，行情逆转的风险较低。与此同时，由于"橱窗装饰"效应，亏损股票会受到严厉的惩罚。

何时卖出压路机

就算压路机出现，股民也有可能因为操作不当而赔钱。不论是新手还是自负的老手，这种情况都可能发生。压路机出现时谨慎买入是明智之举（建议逐步加仓），但找准时机退出却颇具挑战性。

短线股民往往选择在当日或隔天卖出所持股票。波段股民往往会选择在周五退出。当你在压路机日中盈利时，你会感到兴奋不已，但此刻还不宜高兴过早。因为这种盈利的交易可能只是昙花一现，次日即可能逆转。

在牛市期间，压路机大概率具有"持久性"，即行情可能持续多日，但力度可能会逐日递减。你自己决定是继续持有还是当天卖出。这一抉择基于你的交易策略和目标。

不宜做空压路机

多数股民青睐看涨压路机，唯独做空者对此避之不及。对此，我建议：不宜做空压路机。许多做空者的投资生涯到此戛然而止，他们的账户资金也大幅缩水。

股民常犯的一个错误是误读技术指标。初期，相对强弱指数的上扬确认了市场走势的强劲。随着压路机愈发凸显，相对强弱指数以及其他"有界"振荡指标（如布林线）可能超出范围，触及阈值极限。

在这一时刻，部分做空者会错误判断，认为市场或某只股票"已涨无可涨"。然而事实是，看涨压路机对做空者试图阻碍或逆转其上涨趋势的行为绝不姑息。一旦做空者贸然尝试，他们极有可能遭受巨大损失。

压路机交易提示

看涨压路机是不常见的交易机会，它并非适用于日常交易，而只有当多种条件（技术分析和整个股市环境）完美契合时，你才适宜进行操作。

假如你只专注于这一种模式，你也有可能成为一名成功的股民。准确发现压路机的形成，并在合适的时间进入股市十分关键。为此你需做好充分准备，待下次压路机显现时，才能有备无患。

在压路机日，股民往往认为，获利是十拿九稳的事。然而，在现实中，你想要从中盈利却不那么容易，需要极大的耐心和精准的判断。此外，发现压路机亦是一种本领。许多股民由于对股市的判断不够准确，常常过早地退出交易。

股民常犯的一个典型错误是判断过早。正确的做法是耐心等待压路机完全出现后再买入。

最后，压路机不应与开盘跳空大幅上涨的股票混为一谈，二者并非同一概念。如前所述，开盘即跳空上涨但很快就转势下跌的股票属于"昙花一现"。我将在第十二章专门探讨开盘跳空股票的交易策略。

现在，你已经掌握了跟随多种趋势和股票形态进行交易的方法，是时候向你介绍一种极具吸引力的高风险交易方法：动量交易。

我建议你在充分了解这种短期策略的风险后，再决定是否要用它。在此提醒：虽然动量交易有时能够创造可观的收益，但如果交易过度或者在一只股票上投入太多，损失也会惨重。然而，喜欢冒险的股民认为，动量交易策略不失为一个好策略。

第十章

动量交易

在本章，我将详述一种风险较高但收益颇丰的短期交易策略，即动量交易。它在牛市中得到广泛应用，因此，我将单独用一章来探讨这一策略。

其他股民表现出来的恐慌与亢奋会引发剧烈的价格波动，动量股民必须在这个中间寻求盈利契机。他们同样遵循市场趋势，但相较于传统趋势股民而言，他们更侧重于利用短期动量和市场波动率获利。

动量股民时而顺应市场趋势，时而又逆市而行（即逆势交易）。无论股市是上涨还是下跌，只要存在波动率和强劲的趋势，动量股民都会紧紧跟随机构和散户的脚步。

动量股民无暇浪费任何时间，他们追求以极快的速度获利，并迅速转战下一笔交易。他们审时度势，在该退出的时候绝不停留一秒。

采用动量交易策略的当日股民，无论结果如何，均会在当日内完成交易。少数动量股民可能会选择持仓过夜，但这仅限于动量尚未消退的短暂时期。

毋庸置疑，动量交易策略适用于技术分析能力超群的资深股民。更重要的是，运用此策略的股民必须深谙风险管理之道，即必须具备迅速割舍亏损股票的能力。如要成功实施这一策略，你应以负责任的态度进行交易并遵守自己的规则。

我的一个股友将这种交易策略比喻为冲浪。一旦失足滑落冲浪板，你必须学会如何重新爬上冲浪板，否则你将被巨浪吞噬。

对于动量股民而言，股票或交易所交易基金是否处于极端超买或超卖状态并不重要，关键是你能否把握住价格上升趋势，在趋势逆转之前持续追随，然后全身而退。这一策略看似简单，实际操作却并非易事。

对于新手动量股民而言，犯错误在所难免。这是很正常的，因为在一个极度亢奋、瞬息万变且纷繁复杂的股市中获利实属不易。

我的目的并不是要削弱你对动量交易的兴趣，而是希望通过分享我的个人经验和研究成果，为你揭开动量交易的神秘面纱。你要意识到，你即将涉足的交易环境宛如布满陷阱的战场，它在表面看似轻松获利，实则隐藏着众多误导信号。

如果你已下定决心使用动量交易策略，我也不会改变你的选择。我的忠告是，在踏入这个蛮荒之地之前，你务必准备好适当的工具、调整好心态，积累充分的专业知识，这样你才能有望取得成功。我将在本章中给出针对性的指引和建议。

注意：在动量交易中，有一种更为极端的形式，即跳空缺口交易。我将在第十二章对此类高风险高回报的策略展开论述。动量交易策略已经够难了，而跳空缺口交易则更具挑战。

趋势交易和动量交易

短期趋势股民与动量股民之间有什么区别？动量股民仅在市场呈现极端波动率和强劲态势时买入。他们借力于动量，紧跟股价的上涨（或下跌）趋势进行交易。

这种策略极具风险，原因是股价在经历快速上涨后可能出现停滞甚至迅速逆转方向。动量股民常在价格趋势确立后仍不断"追逐高位"。

在上一章中，你了解到，趋势股民并不依赖股市频繁的波动来实现盈利。长期趋势股民更青睐于波动率较小的股市环境。我要强调一点：动量股民与趋势股民都跟随市场趋势，但各自的交易策略有显著的区别。

跟随趋势

与趋势跟随者一样，看涨动量股民亦会借助机构投资者、算法交易程序和散户的力量，他们会买入那些强势上涨的股票。不同之处在于：动量股民更喜欢购买那些波动速度较快且持续上涨（或下跌）的股票。他们利用市场波动率，在股价上

第十章 动量交易

涨或下跌期间盈利。

只要把握正确的方向，并及时锁住利润，动量交易策略能够帮你在短期内实现盈利。站在风口浪尖上的感觉是非常棒的。

特别强调，动量交易策略是一种日内交易策略。强劲的动量往往不会持续太久，动量股民必须迅速抽身锁住利润。动量带来的收益往往集中在开盘后的第一个小时内，因此许多动量股民会在午盘之前就结束当日的交易，但这也完全取决于个人的交易决策。

若想成为一名追逐高位的动量股民，你会选择在趋势接近顶峰时买入，并跟随趋势持续加码。也许股价在开盘后的第一个小时就已经上涨了 5%~6%，动量股民依然会继续购买，试图继续把股价推高。

如何找寻动量股票

采用动量交易策略的优势在于：动量股票很容易找到。以下几种途径会帮你找到此类股票。

- 在各大财经网站如 MarketWatch、美国有线电视新闻财经网、雅虎财经、谷歌财经和美国股票网站 Market Chameleon 上可以搜寻到那些处于或接近 52 周新高的股票。
- 关注盘前强劲上升（如做空则强劲下跌）的个股。这些最具活力的股票可在上述提到的网站上被查到。
- 利用券商提供的交易软件进行筛选。大多数券商的交易

- 平台都具备定制化筛选功能，如盘前涨幅榜或跌幅榜，以及其他个性化条件进行快速检索。
- 留意开盘前已被新闻报道的股票。但注意，部分热门股票可能从动量交易转化为跳空缺口交易。跳空缺口交易的风险更高，收益也更大。

动量交易策略为何有效

许多动量股民依赖于算法交易程序和机构的强大动能，将股价推至极端价位。然而，散户未必能理解，算法交易程序并非他们的盟友。实际上，算法交易程序为动量股民创造了有利的市场流动性环境，正是这种流动性使得动量交易策略有效。但需要注意的是，一旦流动性枯竭，动量股民应迅速退出股市。

换句话说，此时的算法交易程序暂时与你步调一致，但它随时可能转为与你针锋相对的一方。它并会不顾及你的个人盈亏，因此在利用它牟利时，必须格外谨慎。

许多股民认为，波动率能够带来巨额收益，但实质上，波动率因其不可控性，如同一把双刃剑。波动率助推股价上涨时，局面自然乐观；然而，一旦波动率不利于你，那么你必须迅速退出股市。

下面列出了一些在交易动量股时应特别留意的具体信号。

第十章 动量交易

动量技术信号

- **移动平均线。** 寻找股价突破 50 日、100 日和 200 日移动平均线的股票（许多动量股民关注的时间周期更短）。

- **异同移动平均线。** 股民期望动量展现强势，即异同移动平均线高于 0 线且超过 9 日信号线。还要关注看涨背离，因为它们给出的信号最有意义（虽然其信号比随机指标给出的信号滞后）。

- **异同移动平均线直方图。** 异同移动平均线直方图的颜色越深，动量越强。动量股民期待动量持续增长。别忘了，动量先于价格变动，一旦你发现动量减弱的迹象，要及时抛售。

- **慢速（或快速）随机指标。** 动量股民希望 %K 线和 %D 线走高，但当两者超过 75 或 80 并交叉（超买）时，你就该卖出股票了。当股票超买时，动量股民应尤为警惕，因为逆转随时会发生。

- **相对强弱指数。** 借助相对强弱指数识别超买，并确认上升趋势的强度。如果相对强弱指数突然下滑，股价就可能在酝酿下跌动量。虽然它不一定是卖出信号，但应保持警醒。动量股民不宜长期持有已超买的股票，以防逆转时被套牢。

- **波动率。**（用布林线或相对强弱指数发现）波动率增大是一个利好行情。这种情形常出现在超买股票突然大涨时，这会使价格飙升至高位，而这恰恰是动量股民期待的爆发点。然而，切勿恋战，以免被困其中。动量开始收缩（布林线收窄、波动率下滑）是一个危险信号。

- **支撑位和压力位。**当股票突破压力位，且你持有多头头寸时，恭喜你处于有利地位。动量股民在跟随上升趋势的同时，务必要保持警惕。

- **K线图。**股票上涨时K线显绿，连续红线则预示股价可能逆转。

动量交易建议

欲尝试动量交易策略的股民，以下几点建议或许对你有益。

- 当你在交易中获利颇丰，开始得意忘形时，你就应该果断退出。在股价逆转前锁住利润。

- 运用动量交易策略时，容不得任何闪失。你必须时刻密切关注所持股票。遗憾的是，由于这些股价变动过快，强行止损可能效果不佳。你需要迅速做出卖出决定且确保你的决定是正确。制订一个交易计划有助于减少失误。

- 我建议同时持仓不超过两个。紧跟一只股票的动态就很不容易了，关注两只以上的股票会出现问题。

- 对于动量股民而言，市盈率、收益或内在价值等基本面信息的作用不大，它们反而会分散他们的注意力。他们只关心股价波动的速度及涨势持续的时间。

什么？要我卖出股票？

动量股民必须迅速卖出股票。动量犹如能量大爆发，会在一段时间后骤然消退，而这段时间是不确定的，因此，何时退出很难确定。若动量股民未能察觉动量减弱并及时卖出，他们就会被套牢。

动量交易中，很难判断退出时机。动量股民成天忧心忡忡，生怕股市哪天发生逆转。一旦判断失误，未能及时退出，利润将在瞬间蒸发。

无数交易案例表明，在账面浮盈显著时未能及时止盈，投资者最终惨遭亏损，市场逆转吞噬利润。在动量交易中，行情变化快如闪电，这常常使动量交易者措手不及。盈利股迅速转亏对于股民的信心和账户都是一种巨大的打击。

在快速变化的动量交易热潮中，若与众多动量股民一同追涨杀跌，你往往很难把握恰当时机实现盈利退出或及时止损。不幸的是，不少散户过于乐观，以为自己总能及时抽身。他们不断重复这种自我暗示，久而久之便相信了。

在股票飞速上涨时，股民往往不愿早早止盈。但越是在这个时候，你越应该果断卖出。你没有足够的时间从容离场。

更糟糕的是，很多动量股民仅凭感觉长期跟风，幻想"恰逢其时"地退出，却没有一个退出方案。这是一个巨大的错误！进行动量交易时，你务必设定退出方案、目标价位及止损点，否则无异于为自己埋下一颗定时炸弹。

请时刻谨记：时间并非你的盟友。在锁住利润之前，股价会突然逆转。

动量股民的心态

洞悉动量股民的心态能帮助你把握动量交易策略，进而避开踩坑。动量股民追求短期暴利，他们没有耐心等待一年，才获得10%的增长。

动量股民着眼短期收益，所持股票同样紧跟当下波动。他们欣然面对并积极利用风险。愿意承担高额风险以追逐高额回报，对他们而言，冒这种险是值得的。

注意：更糟糕的是，部分动量股民患上了"动量错失恐惧症"，担心错过下一轮动量交易良机。

神经兮兮的动量股民

对于动量股民而言，处于纠结情绪实属常态，他们既怕卖得过早，又怕持仓太久。饶有趣味的是，这种谨慎心理正是他们在股市博弈中生存下来的关键。

然而，如果你过于自负，对重大损失不以为意，那么你会很快赔得精光。因此，应当极力杜绝掉以轻心、疏于风险管理的行为。

第十章 动量交易

注意：职业动量股民会在交易前预估潜在的损失，他们只在风险与回报率有利的时候才会进入股市。

赌徒们需谨慎

不巧，赌徒们经常被动量交易策略所吸引。如果你也带有赌博心态，为了你账户的安全与精神的健康，你最好不要用这个策略。带有赌博心态的股民在股市中很难长久生存下去。

如果你一意孤行，那你就先从小额交易做起。虽然不会获利丰厚，但也不会损失惨重，同时你还可以获取实战经验。

这给人一种感觉：我不喜欢动量交易策略。并非如此。实际上，我自己也用过这一策略。我对风险直言不讳，旨在帮助股民防范可能因自身行为导致的损害。在不具备出色交易技术和良好情绪管控能力的前提下，贸然采用动量交易就会赔钱。我希望你能在权衡利弊之后再谨慎采用此策略。

正因如此，动量股民须严格自律、保持冷静且操作迅速。在动量交易中，止损必须更严格，退出必须更迅速，判断必须更精准。如果判断失误，你将损失惨重。为避免此类情况，进行动量交易时，你绝不能放松警惕和得意忘形。

新手在初次体验动量交易并获得成功后，常因连续盈利而过于自信，不仅未减少后续交易的资金投入，反而易陷入全仓押注的赌博式陷阱。显然，一旦交易失败，其账户资金将迅速清零。

运用动量策略交易其他金融产品（如股票、数字货币、期货、期权和外汇）时，务必直面严酷现实。

直面自己。如果你亏损严重，彻夜不眠，请尽快认清现实。另寻他策，或暂时休整，找出问题所在。

追逐小额收益

动量股民最大的错误在于他们幻想每次交易都能轻松赚大钱。他们仅考虑可能的收益而完全不顾可能的损失。（注意，不只是动量股民才会犯这样的错误。）

股民在预估收益时，若忽视潜在的亏损，一旦遭遇连续的小额亏损（就像"温水煮青蛙"）而非连续小赚（单次交易），往往会产生始料未及的挫败感。

动量耗尽时

连续 10 日或 11 日以上的盈利后，许多动量股民认为自己已经掌握了股市秘诀。在第 12 日，股民放松了警惕，但是流动性突然枯竭，他们犹如踏进了"风险漩涡"。

还没等他们反应过来，自己就已经陷入被动局面，一次交易就吞噬掉了整月的盈利。我接触过的许多动量股民都遇到过这种情况。

在本章结尾，我要鼓励大家：第一，若立志成为动量交易高手，你务必遵照本章提及的所有线索和交易信号进行操作；第二，不要从事保证金交易；第三，也是最重要的是反复实践。

如果你喜欢动量交易，那么你会喜欢第四部分的内容。接下来，我将介绍风险与收益双高的交易策略，包括当日交易、跳空缺口交易、加密货币交易，以及风险最高的低价股交易。以上策略仅推荐给高度自律的股民。

第四部分

高风险、高收益的交易策略

如果你喜欢追求高风险高回报,那么第四部分内容正是为你量身打造。我将为你介绍一系列高能策略:当日交易、跳空缺口交易、加密货币交易和低价股交易。

这些策略并非适用于所有股民,但了解一下没有坏处。有时,遵循交易规则与技术指标的股民可以开展当日交易。届时,你会庆幸自己了解过相关知识。

同时,你还将了解跳空缺口交易这一特殊的策略,该策略适合那些敢于承担极高风险的股民。我还将指导你认识加密货币,并帮助你评估加密货币是否适合你的投资规划。

重要的是,在使用这些策略时你必须控制好风险。下面,我要介绍金融市场中最狂野的策略了。如果你善于把握机遇,那么这些策略将会非常适合你。

第十一章
当日交易策略

当日交易（或称日内交易）是指在同一天内买入和卖出至少一只股票（或交易所交易基金如 SPY、QQQ、IWM）的交易行为。持仓时间可能短至数秒、数分钟或数小时。目标是在当天内完成交易，实现盈利后就全身而退。

当日交易的魅力是足不出户，在午盘前就实现盈利。当日股民须拥有极高的自律和专注精神，才能取得成功。短时间内获利的想法十分诱人，但风险也非常大。接下来，我将详细阐述当日交易潜藏的风险与收益。

第四部分提及的所有策略中，当日交易的风险是最低的。你在了解这一策略的同时必须保持警惕。当日交易中的许多环节都有可能出错。

当日交易可能会带给你巨额收益，但这一策略也颇具挑战。我的目标是提供真实信息，这样，你就可以根据自身的交易风格和性格特点，判断当日交易是否真的适合自己。

再次声明，我坚决不希望你蒙受损失。提高交易技巧并减少错误的一个方法是，利用模拟交易软件进行实践。你最好在实战前先进行模拟交易。

第十一章 当日交易策略

注意：*当日交易的内容极为丰富，为此，我撰写了《开始你的当日交易之路》（Start Day Trading Now）一书，该书主要面向初级股民。*

当日交易规则

首先，你需要了解当日交易规则，即当你账户资金低于 25 000 美元时，在连续 5 个交易日内最多只能做 3 次当日交易。一旦进行第 4 次交易，你将被标记为"典型日内交易者"，在账户未达到 25 000 美元之前，90 日内你将不被允许进行交易。

我知道部分股民对该规则存有异议，但这个规则对你是有利的。对于资金不足 25 000 美元的新手来说，这一规则强制他们更加谨慎地进行交易。通过小额交易，你可以在不冒大额资金风险的情况下提升交易技能。许多当日股民之所以失败，是因为其在单只股票上投入的资金太多，我希望你不会这样做。

许多新手尚未认识到，小额交易就会让你掌握当日交易策略，有效管理自己的交易账户才是决定成败的关键。因此，我建议在积累经验和建立自信之前，尽量采用少量资金进行交易。

提示：*如果你的账户资金超过 25 000 美元，你在每只股票上投入的资金不应过多（账户资金的 5%~7% 就可以了）。如果投资的股票较多，你可将这个比例下*

调至 3%。资金雄厚的当日股民会将每笔交易限制在 1%~2%。

当日股民的生活

许多人都想成为全职当日股民，时间与工作节奏完全由自己把控。你无须身着套装、辛苦奔波、向老板汇报工作；成功交易后立即获得现金奖励确实让人的满足感暴增；你能够自行设定财务目标；无论身处何处，你都能进行交易活动。

当日交易看似光鲜诱人，但实际上却是一项艰巨的工作。由于没有稳定的薪资，许多股民常感压力巨大。他们常常过度交易，以求盈利。交易过程中，快速决断是必须的，避免亏损的压力不容小觑。尽管挑战重重，但成功也是可以实现的。

大多数人以为，当日股民就是那种频繁快进快出、动辄承担巨额风险只为赚取 200~500 美元微薄利润的人。确实有人采取这种高强度的策略，但现在的当日股民在交易上展现出更强的自律性。他们用智慧进行交易，在一个交易时段内仅进行几次交易。大家的目标都是在一天内实现盈利，而如何实现这一目标十分关键。

当日交易信号

要想成为一名成功的当日股民，你需要依据本书所述的技术指标进行交易，再调整参数以适应短期时间框架。慢慢找到适合自己的参数设置。

接下来，我将列出在采用此策略时应关注的一些信号，你可将它们作为参考。

当日交易技术信号

- **移动平均线。**在短线交易中，关注15分钟、30分钟或60分钟图上的20日和50日移动平均线。有的当日股民关注的时间周期更短。此外，还可以关注15分钟图上的200日移动平均线，但它产生的信号较少。孰优孰劣没有绝对标准，这完全取决于个人的选择。
- **异同移动平均线。**在寻求强势信号时，应关注异同移动平均线是否高于0线且高于9日信号线。同时关注是否出现看涨背离，因为它们给出的信号最有意义（虽然其信号比随机指标给出的信号滞后）。当日股民可适当调整参数以获得更快的信号（但不宜过快）。
- **异同移动平均线直方图。**观察异同移动平均线直方图颜色的深浅变化，这有助于我们判断动量是在增强还是在减弱。
- **慢速（或快速）随机指标。**关注%K线和%D线的攀升，但当两者超过75或80并交叉（超买）时，你就该卖出股票了。当股票超买时，当日股民应尤为警惕，因为逆转随时会发生。

- **相对强弱指数**。在当日交易中，可用相对强弱指数来识别日内超买或超卖状态。相对强弱指数确认了波动的强度。如果相对强弱指数下滑，这可能预示超买的股票涨势放缓。它不一定是卖出信号，需要结合其他指标进行确认。

- **支撑位与压力位**。当股票跌破支撑位且技术指标转为对你不利时，你不要与之抗衡，应及时平仓并考虑是否做空。反之，当股价突破压力位并在保持在上方，且技术指标对你有利时，你就不要急着抛售股票。应尽可能长期持有盈利股（这是交易的艺术），但也需适时落袋为安。而最重要的是，不论盈亏，务必在每日收盘前卖出盈利股。

　　成交量加权平均价格这一技术指标备受当日股民的喜爱。本章末尾我会介绍如何使用该指标。

提示：你无法掌控股价，但你可以选择指标。利用这些指标可助你成功。

根据这些指标，我可以指示你何时买入和卖出。当日交易的一大挑战是所有决策必须迅速完成，因此，制订交易计划对于当日股民来说极为重要，这份计划有助于确定合适的买卖价格。当日交易绝非是一种没有计划、随意操作的模式。

第十一章 当日交易策略

最重要的是，切勿违反当日交易的基本法则：不得持仓过夜！很多新手满心打算在当天收盘前卖出。当股票亏损时，他们往往无视指标和规则，抱着明日市场会好转的侥幸心理继续持有。

就算他们次日盈利退出，他们已然违反了自己的交易规则。一旦规则被打破，后果往往很严重。

底线：务必牢记你是一名当日股民。在交易日结束时，务必清仓退出。如违背这一规则，你就再不是当日股民。

当日股民寻找什么股票

以下是当日股民在寻找盈利股时，较为看重的一些特征。

- **波动率大的股票**。当日股民偏爱价格波动幅度大的股票。股价波动越大越好，因为他们追求短时间内获利，没有时间去等待一只数天或数周都涨不起来的波动缓慢的股票。
- **成交量高**。当日股民偏爱成交量高的股票。有些股民只考虑日成交量至少达到 400 000 股以上的股票（具体标准因人而异）。成交量高的股票流动性高，股民能够更加容易地买进和卖出。相比之下，成交量小且流动性低的股票虽然容易买进，但期望高位卖出就难了。

- **风险回报**。当日股民关注风险回报率。假如一只股票下跌1美元,但有潜力上涨5美元,它的风险回报率为1∶5。当日股民偏爱那些风险回报率高(至少1∶3)的股票。

- **相对强势**。当日股民偏爱具有相对强势的股票。回顾第一章的内容,若整个市场处于下跌趋势,但个别股票逆市上涨,那么这些股票就具有相对强势。这些股票未必会全天持续上涨,但对当日股民来说,只要它们在短时间内(几分钟或几小时)上涨,他们就能获利。

- **股票板块**。许多当日股民偏爱交易股票板块。例如,他们不会买微软公司的股票,而是用交易所交易基金来交易科技行业板块。科技行业板块是交易所交易基金众多股票板块中的一个。当大盘整体下跌时,部分行业板块会逆市上涨,表现出相对强度。例如,道琼斯指数下滑时,医药或公用事业板块呈现上扬趋势。不幸的是,当你察觉到某个板块表现强劲时,你可能已经错过了最佳买入时机。股市中时常有这样的情况:某个板块上午还表现坚挺,下午却出现了逆转。这也正是当日交易股票板块极具挑战性的原因。

提示:你可以利用交易软件进行筛选,选出每日表现最为强劲的股票板块。

第十一章 当日交易策略

一位当日股民的故事

下面，我讲一个关于新手股民杰瑞的故事（纯属虚构），你能从中汲取一些经验和教训。

杰瑞在读了几本关于当日交易的书籍和浏览了几个视频后，带着约 25 000 美元的资金进入了股市。他听从邻居的建议，决定购买 ZYX 股票。

杰瑞没有查看股票图，也没有进行技术分析，他只知道必须立刻拥有 ZYX 股票。股市一开盘，杰瑞果断以每股 18.57 美元的价格买下了 500 只 ZYX 股票，总价值 9285 美元。

在杰瑞买入该股后不久，股价小幅攀升。开盘约半小时，ZYX 股票就上涨了一个点，这让杰瑞欣喜不已。他不知道的是，有人曾在网上发帖称 ZYX 即将被一家大型制造企业收购。

短短几分钟内，杰瑞便赚了 540 美元。他心想：当日交易很简单！尝到甜头后，他迫不及待地把这个好消息告诉了姐姐和那位曾给他荐股的邻居。邻居告诉他，未来的收益空间远不止于此。

不幸的是，在杰瑞挂断电话时，原本 540 美元的浮盈变成了 600 美元的亏损。怎么回事？杰瑞简直不敢相信。仅仅片刻，他就损失了 1100 美元。原来，有关 ZYX 被收购的传闻是假的。

杰瑞决定采用新的交易策略——逢低买进。他的邻居认为 ZYX 是只盈利股，于是杰瑞追加购买了 500 股。至此，他共握 1000 股，平均价格为每股 18.01 美元。他寄希望于当前的股价下跌是暂时的。

要是杰瑞查看了股票图，便会发现，ZYX 的交易价低于其 20 日和 50 日移动平均线（跌破了支撑位），这促使其他股民开始卖出。同时，异同移动平均线也在下降，这预示未来可能还将面临更大的跌幅。由于杰瑞没有进行技术分析，他对此全然不知晓。

一旦 ZYX 股价跌破移动平均线后，算法交易程序便会猛烈做空该股，这导致股价在一个小时内迅速跌至 13.02 美元。杰瑞向邻居寻求建议，对方告诉他："目前股价太低，不要卖出。我正打算买入更多呢。"

杰瑞因资金有限，无法跟进买入。他闷闷不乐地坐在电脑前，眼睁睁地看着账户资金不断缩水。在此期间，姐姐来电询问他的收益情况，他借口正忙搪塞过去了。

无奈之下，杰瑞只能再次打电话给邻居求助。

"我现在是否该卖出这只股票了呢？"杰瑞问道。

"不！"邻居大声喊道，"别做胆小鬼！这只股票肯定会涨到每股 50 美元的。我发誓！"

杰瑞别无他法，只是遵照邻居的建议行事。在此期间，股价持续下跌，直至午盘才趋于平稳。

要是杰瑞之前学习过股市知识，他就会依靠自身的知识进行严谨的分析，而不是盲目信赖一位非专业但颇为自信的邻居给予的指导。

在 ZYX 股价跌破移动平均线后，杰瑞理应及时停止加仓，

第十一章 当日交易策略

并着手考虑退出。若想当日交易取得成功，你除了要有正确的判断力，还要有面临资金风险时，快速决断的能力。

在交易日结束前，杰瑞还犯了几个失误。由于 ZYX 股价暂时止跌企稳，他误判颓势已过。在听取了邻居的意见后，杰瑞决定持仓过夜。他不愿意亏钱。

事实证明，杰瑞犯的最大错误莫过于此。ZYX 本是一个当日交易，但杰瑞却仅凭主观臆断就改变了策略，最后"被迫持仓"。不幸的是，数小时后，ZYX 股价再度重挫，杰瑞遭受了更多的损失。他为什么要持仓过夜？因为邻居告诉他这样做！

次日开盘后，ZYX 股价持续下跌。杰瑞清醒过来，决定悉数卖出全部股票。他无法继续承受这样的损失。等到他最终卖出时，累计亏损已经超过 8500 美元。

要是杰瑞继续持有亏损的股票，他的损失将会更加惨重。庆幸的是，他在次日选择了斩仓，损失从而减少了。

我讲这个故事并非让你对当日交易产生畏惧，而是想让你间接感受一下交易中可能面临的重大损失。如果正确把握时机，你确实有可能获得丰厚的回报。但是要想取得成功，你必须先"交学费"，新手在初学阶段必然会经历一些亏损。

掌握技术分析是开展当日交易的第一步，因此，我投入大量精力讲解这些方法。但很多初学者误以为只要学习了技术分析，他们就可以成功，实则不然。这就好比学会使用锤子和锯子并不代表你就能建造一栋房。同样，掌握技术分析并不代表你能在当日交易上取得成功。

当日交易注意事项

我刚才讲了一个一名缺乏经验的股民，在未经充分准备的情况下涉足当日交易的故事。只要你足够自律并具备专业知识，当日交易完全有可能成为一种有效的交易策略。

若想成为一名成功的当日股民，你最需要的就是耐心。这一点与公众普遍认为的急于求成刚好相反。在下单前，你应利用手中的技术工具来确认盈利的可能性有多大，评估预期收益是否值得冒此风险。一旦下单，务必使用止损单。

最后强调，在情绪不稳定、急躁不安或承受较大压力时，你不要进行交易活动。许多股民在开盘时，由于情绪激动而草率做出决定，这种情况常常会导致决策失误和资金亏损。

现在，你明白了如何成为一名成功的当日股民。接下来，我将介绍一个众多当日股民都使用的技术分析指标——成交量加权平均价格。

成交量加权平均价格

假设你找到了一个技术指标，机构投资者常用这个指标来帮助他们进行当日交易。这个指标能告诉你某个交易是价格高于、低于还是等于当日平均价。

这个指标就是成交量加权平均价格。其计算方法相对复杂，但在图上的呈现形式（就像移动平均线）却相对直

第十一章 当日交易策略

观且易于理解。股民广泛使用该指标,希望其交易订单处于或接近当日的成交量加权平均价格。成交量加权平均价格还揭示了股市的当前趋势。机构投资者和当日股民都会用到成交量加权平均价格这个指标。

成交量加权平均价格是根据成交量和价格计算出某一时间段内的平均股价。确切地说,成交量加权平均价格是一种成交量加权的方法,用于计算特定时期(通常是单个交易日)内股票的平均价格。

在任何图表软件上选择成交量加权平均价格时,屏幕上会显示一条单线,它代表日内平均价格走势,类似于移动平均线。股民可以选择1分钟、5分钟或15分钟的时间周期来绘制该线。

成交量加权平均价格会产生多个交易信号。例如,有一种当日交易策略建议你跟随成交量加权平均价格的趋势进行交易。如果股价向上越过成交量加权平均价格,这就是看涨信号;如果股价向下越过成交量加权平均价格,这就是看跌信号。许多散户也利用成交量加权平均价格来找支撑位与压力位。

此外,通过成交量加权平均价格,机构投资者及当日股民能够判断其买入价格是高于还是低于当日平均价。毕竟,机构投资者必须清楚是否能以略优于成交量加权平均价格的价格成交。他们的目标是在执行动辄50万股及以上的大宗交易时,力求取得最佳的结果。对于机构投资者来说，微小的价差优势累积起来也不得了。

建议当日股民学会成交量加权平均价格这一指标。它是机构投资者的首选工具，现在也能成为你的交易利器。使用它将有助于提高交易结果。

如前所述，在第四部分介绍的很多高风险高收益策略中，当日交易的风险是最小的。在下一章，我将介绍跳空缺口交易，它是最具挑战性的当日交易。

第十二章
跳空缺口交易

如果你认为动量交易过于冒险，那么跳空缺口交易就如同"不系安全带坐过山车"。跳空缺口交易适用于那些愿意承担极高风险、以期在短时间内获取更高利润的人。这个策略并不适合新手股民，我称它为"动量疯狂"。如果你对跳空缺口交易感兴趣，请仔细阅读本章。

有些股民认为，跳空缺口交易可以轻而易举地获利。实际上，跳空缺口交易是所有短期策略中最具挑战性的一个。股民若想用此策略获利，不仅要具备大量的技巧，还要保持自律和冷静的情绪。但遗憾的是，许多业余股民不是这样做的。

如果你对跳空缺口不太了解，下面介绍四种跳空缺口类型：突破缺口、持续缺口、衰竭缺口和普通缺口。

跳空缺口的定义

跳空缺口是一种常见的形态，它在图上表现为一片空白的区域。这表明：在当前价格水平或价格区间内交易没有发生，因为股价"跳过了"这一空白区域。你可以将跳空缺口视为一片空白的区域,那里没有任何交易活动。

当跳空缺口形成时,开盘价会比前一交易日的收盘价更高(跳空上涨)或更低(跳空下跌)。举个例子,假设头天晚上有一则重大新闻:ZYX 制药公司获得了美国食品药品监督管理局的批准,可开发一种新型流感疫苗。当消息在收盘后被公布时,在盘后交易中,股民会蜂拥而至购买该股。ZYX 的前一收盘价为每股 66 美元。现在,ZYX 的股价正在迅速上涨。在盘前,ZYX 的股价为每股 72 美元。

股票一开始交易(不均衡报盘可能会导致延迟开盘),ZYX 的股价便从之前的每股 66 美元跃升至每股 74 美元。观察股票图,你会发现,一个跳空缺口在 66 美元和 74 美元之间出现,这表明这个区间内没有交易。买家和卖家之间存在不均衡报盘(即需求远远超过供给),这导致股票图上出现了这么大的跳空缺口。跳空缺口的出现通常伴随着异常的成交量,要么是激烈的买入(跳空上涨),要么是疯狂的卖出(跳空下跌)。

突破缺口

上述例子就是突破缺口,它让人激动不已,因为一旦交易成功,股民便能获得巨额利润。突破缺口发生在趋势早期,那个时候股票的成交量高于平均水平。

一些股民在开盘时(股价正在巩固)就想买入突破缺口。选择合适的时机进出缺口,这需要出色的风险管理能力和大量的实践。

持续缺口

许多新手容易将持续缺口与突破缺口搞混淆。初看之下，它们颇为相似，因为股价都会突破压力位或跌破支撑位（做空）。然而，它们之间存在微妙差异。

持续缺口出现时，股价已经在上涨或下跌了，而且它基本上还会以更大的动力继续上涨或下跌。这就是趋势的持续。

提示：持续缺口出现的频率低于突破缺口。

衰竭缺口

当一只股票在低于正常成交量的情况下上涨时，衰竭缺口就会出现。随着对该股需求量的减少，股票的动能会逐步减弱。随着成交量的减少和对该股热度的降低，股价就会迅速下跌。

衰竭缺口通常会带来戏剧性的逆转，这往往会引起股民对该股的疯狂抢购。随着股票耗尽回撤，一度看涨的买家变成了看跌的卖家，成交量可能随之增加。

一些反向股民喜欢交易衰竭缺口。出现衰竭缺口的标志是股票迎来一轮极为强劲的上涨，持续一两天后终因能量耗尽而停滞。此时，市场上既没有足够的买家推动股票上涨，也没有足够的卖家将其推向更低。通常，这类缺口标志着趋势的改变。

"衰竭缺口"这个词完美描述了这种情形：股票"筋疲力尽"，做好了逆转的准备。衰竭缺口是趋势改变的信号。如果是真正的衰竭缺口，股票将继续朝反方向移动，甚至可能填补缺口（恢复至缺口前的价格）。

普通缺口

股票图上最常见的缺口是普通缺口。收盘价和开盘价之间存在的缺口非常小，几乎可以被忽略不计。例如，收盘价为 60 美元，而开盘价为 60.10 美元。它们之间存在一个 0.1 美元的缺口。普通缺口一般不会提供交易机会。

现在，你已经对主要的跳空缺口类型有了大致的了解。下面，我们继续探讨如何从中获利。突破缺口的风险最大，因为突如其来的逆转会让人付出高昂的代价。然而，如果把握良机，它也可能带来最丰厚的利润。

注意：本章余下部分只讨论突破缺口。

交易突破缺口

在交易突破缺口时，若能准确把握趋势，股民有望获得巨额利润。然而，若把握错了趋势，股民也会遭受巨额损失。

提示：止损单能有效保护你的资金安全和个人声誉。

第十二章 跳空缺口交易

突破缺口的出现表明：供需关系因一场戏剧性的事件而发生了扭曲。这场意外造成了前一交易日的收盘价与次日的开盘价之间出现了明显的价格差异。

有很多原因可以解释这种巨大的差异。如某种药物获得了美国食品药品监督管理局的批准、公司被收购的传言、公司获得了意外盈利等，这些都会造成跳空上涨。而会计调查或公司意外亏损则会造成跳空下跌。

对于职业股民来说，股票跳空上涨或下跌的原因并不重要。他们关心的是股价发生了什么变化。

如果你决定参与这种波动率强、变化迅速的交易，那么你最好心里有数。你需要严格把控价格（包括心理止损）。股价不仅会出现大幅度的跳空，波动率也会增加。

此外，成交量也会跳升。在正常的交易日里，成交量一般不会超过100万股。如果跳空出现，成交量可能迅速增加到1000万股甚至2000万股以上。

成交量的增长很可能源于机构投资者的参与，这是一个不容忽视的因素。许多短线股民也希望参与其中。这正是当日股民、波段股民、持仓过夜股民，以及周线股民都想交易跳空股票的原因。该策略包括在涨势中买入和在跌势中做空。把握时机至关重要。

图12.1是一只股票在开盘时出现跳空上涨的示例。

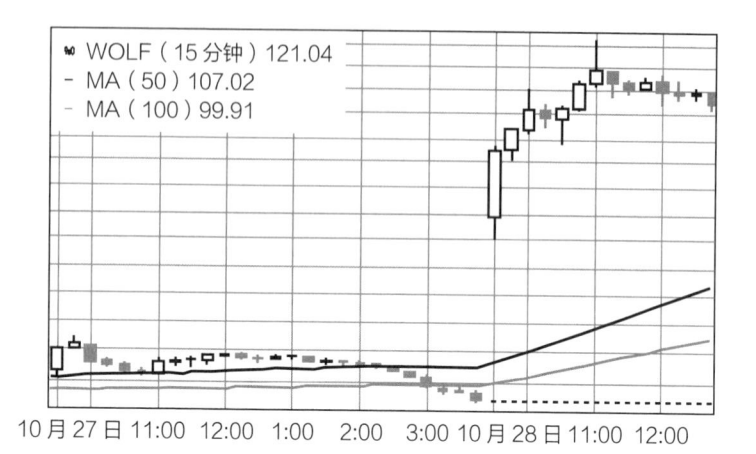

图 12.1 跳空上涨（由 StockCharts.com 供图）

绝不贸然跃入跳空缺口

一个重要的教训是，不要仅因为股价跳空上涨或跳空下跌就冲动买入。这样做实在太冒险了，它就像是从山上跳进池塘一样。

如果你因为冲动鲁莽，把握错了突破缺口的方向，你将承受巨额损失。从这笔损失中恢复过来你可能需要几周甚至几个月的时间。如果你是个急性子，没有计划你就盲目追逐突破缺口，那么你很可能会赔钱。

股民的首要目标就是防止大额损失。盈利可以慢慢来，但亏损却不是这样。在交易跳空缺口时务必小心谨慎。

下面，我将介绍采用这种策略时应留意的一些技术信号。

第十二章 跳空缺口交易

跳空缺口交易技术信号

- **移动平均线**。寻找股价突破 20 日、50 日和 100 日移动平均线的股票。
- **异同移动平均线**。跳空缺口股民期望动量展现强势,即异同移动平均线高于 0 线且超过 9 日信号线。还要关注看跌背离,即异同移动平均线走低而股价走高。这是一个警告信号。
- **异同移动平均线直方图**。异同移动平均线直方图的颜色越深,动量越强。跳空缺口股民期待颜色变深。别忘了,动量先于价格变动,一旦发现动量减弱的迹象,要及时抛售。
- **慢速随机指标**。跳空缺口股民希望 %K 线和 %D 线走高,但当两者超过 75 或 80 并交叉(超买)时,你就该卖出股票了。当股票超买时,跳空缺口股民应尤为警惕,因为逆转随时会发生。
- **相对强弱指数**。借助相对强弱指数识别超买,并确认上升趋势的强度。如果相对强弱指数突然下滑,股价就可能在酝酿下跌动量。虽然它不一定是卖出信号,但应保持警醒。跳空缺口股民不宜长久持有已超买的股票,以防逆转时被套牢。

注意:当相对强弱指数为高于 90 或低于 15 时,这就表明股价已被推至极度超买或超卖的状态。当然，股价还可以更极端，但此时就已经非常危险了。

- **波动率**。波动率增大是一个利好行情。这种情形常出现在超买股票跳空大涨时。动量开始收缩是一个危险信号。
- **支撑位和压力位**。跳空缺口股民期望股票突破压力位或跌破支撑位，且其他指标也转为利好。跳空缺口股民在跟随上升趋势的同时，务必要保持警惕。每个跳空缺口股民都有自己的卖出标准。就算这只股票突破了压力位，你也需要找准时机退出。
- **K线图**。股票上涨时 K 线显绿，连续红线预示跳空股票可能停滞。

提示：建议你在模拟交易程序中练习，或者先进行小额交易。此外，要留意期货市场中的极端价格差异（股价较盘前收盘价上涨了 10% 或 15%）。

请勿在开盘前 5 分钟进行交易

如前所述，一些新手股民急于盈利，在开盘后的前 5 分钟就急于交易。此时，持仓过夜的股民和新入市的股民因昨天的突发新闻都急于卖出或买入股票。最好先避开这几分钟，等行情明朗了再进入也不迟。

注意：与动量股票一样，对于跳空缺口股民来说，最重要的规则是不要追涨。如果你错过了机会，你就等待下一个的机会或改变策略。

何时卖出

交易跳空缺口还有一个难点，就是确定退出时机。技术分析能够让你做出合理的判断。振荡指标能帮助你识别超买或超卖状态。你需要正确解读数据并迅速采取行动。

不幸的是，跳空缺口出现时，我们无法预知该缺口持续的时间（比其他价格趋势会更难预测）。通常，它更像是一个猜谜游戏。没有明确的参考点，你就像是在外太空中进行交易一样。

当利润达到顶峰时卖出需要极大的自律，这正是资深跳空缺口股民必须做的。如果他们对股票过于恐惧或贪婪，那么他们肯定会赔钱。采用这一策略需要坚定不移的意志力。

当跳空缺口交易出现问题时

当动量股票的能量耗尽时，情况可能会迅速恶化。有时，跳空缺口股票会突然逆转方向，回撤 38.2% 或 61.8%（这些是经常用于支撑位和压力位的斐波那契回撤位）。此外，根据牛顿第三定律，上涨的幅度越剧烈，向下的反转可能就越剧烈。

如果你的股票被套牢，唯一的解决方案就是在第一时间脱身。这并不是说你要像其他人一样慌忙卖出，而是你要找到一个合理的时间和价格卖出。

在逆转（或任何交易）中亏损时，不要埋怨自己。这类股票的逆转无法被预测。除了及时止损并退出，别无他法。弄清楚出了什么问题，下次努力做得更好。

还有一些建议：通常情况下，最佳策略是不要交易跳空缺口。它仅适用于那些喜欢冒险，又懂得该如何管理风险的人。

特斯拉：跳空缺口股民的梦中情股

特斯拉曾是跳空缺口股民心中的梦中情股。在午盘前，他们就能赚取巨额利润，但也可能遭受重大损失。有那么几天，特斯拉的股价开盘涨幅超过8%，收盘时涨幅超过15%。如果选择正确，你将获得一笔惊人收益。

如果选择错误，你将遭受重创（我希望你不是在以保证金交易跳空缺口股票，否则损失将更大）。显然，特斯拉不会永远是跳空缺口股民心中的梦中情股。现在，特斯拉的势头已大不如前。

总有其他证券会替代它的位置。例如，比特币曾经历剧烈波动，这一波动会持续下去。这类快速波动的股票并不常见。一旦出现，赚赔是在一瞬间的事。

第十二章 跳空缺口交易

难以预测

跳空缺口交易是一种极具挑战性的策略。那些一开盘就跳空上涨或跳空下跌的股票通常难以被预测且波动剧烈，因此使用这种策略时你一定要小心谨慎。一个成功的跳空缺口股民需要强大的自律性和专注力。

逆跳空缺口交易：风险越高，回报越高

有一些胆大的股民喜欢用一种波动大、速度快的逆势策略，即逆跳空缺口交易。简单地说，就是在与跳空缺口相反的方向进行交易。使用这种策略的专业人士可能在几分钟甚至几秒钟内完成交易并退出股市。他们利用股市开盘后的前 5~10 分钟（即所谓的"业余时间"）的价格差异获利。

逆跳空缺口交易适合那些自律性极强、天不怕地不怕的股民，他们严格控制风险。如果选择错误，你的心情和账户就都将受到严重影响。

在逆跳空缺口交易时，始终选择正确的方向是很难的。不要凭借"肉眼测试"、直觉或胆识来尝试这种策略，这样做不会有好的结果。这个策略属于高风险、高回报的范畴。

最重要的是，逆跳空缺口交易时你不要押注太多。你可能会连续 5 次赌赢，但在第 6 次交易中，你可能就会输得一干二净。我的一个朋友称为"赌博式交易"，他说得对。你永远摸

不透这种交易会朝什么方向发展。

与任何其他跳空缺口或动量策略一样，逆跳空缺口交易时你一次只选择一只股票，进行小额交易。在实盘交易前，请在模拟账户中练习这种策略。

现在，你已经了解了如何在跳空缺口交易中赚钱或亏钱。下面，我想讲一个真实的故事，我的朋友戴维不幸陷入了一个突破缺口。

分析：突破缺口灾难的真实故事

几年前，戴维和几个朋友购买了全球生物制药公司Athenex的股票，作为长期投资。他们还专门为这只股票创建了一个非正式的投资团队。在与朋友们讨论后，戴维以每股9美元的价格一次性购买了17 000股Athenex公司的股票，总金额为153 000美元。

多年来，他们一直持有这只股票，上涨时他们就欢欣鼓舞，就好像在为自己心爱的运动队加油一样。他们在每次股价下跌时都会买进更多的股票。但在股价上升期间，下跌的次数也很多。

过去几年里一切顺风顺水。Athenex公司的股价也从9美元上涨到2020年的每股20美元。戴维和他的投资团队积累了巨额利润。只是这笔利润还未提现。

接着一些意外发生了。2021年3月1日，在盘后交易时段，Athenex 开始被大幅抛售。据昨夜新闻报道，美国食品药品监督管理局对该公司研发的一种乳腺癌药物表示了担忧。美国食品药品监督管理局表示，该药物目前尚未获批。

次日早晨当 Athenex 开盘时，股价已经跳空下跌至不到每股 6 美元，跌幅达 55%，这是一个典型的突破缺口。持该股票的人，包括戴维在内，都感到措手不及。

如何应对这令人恐惧的跳空缺口？首先要保持冷静。然而，当损失不断增加时，我们很难保持冷静。在跳空下跌之后，Athenex 以极高的成交量跌破 50 日、100 日和 200 日的移动平均线。

异同移动平均线指标表明，这只股票身陷囹圄。看涨股民唯一的希望是相对强弱指数。该指数下降至 10 附近，说明这只股票严重超卖。

图 12.2 显示了 Athenex 在跳空下跌当天的截图。

如何交易跳空下跌的股票

事后看来，持有 Athenex 股票的人应该清仓退出。许多投资者之所以没有这样做，是因为他们幻想这只股票还会上涨。明智的股民和投资者不会逆势而行，他们会迅速减持。Athenex 股价下跌的原因并不重要。唯一正确的做法是卖出股票，并将资金投入其他盈利股中。

这个故事的悲惨结局是：几周后，Athenex 再次跳空下跌至

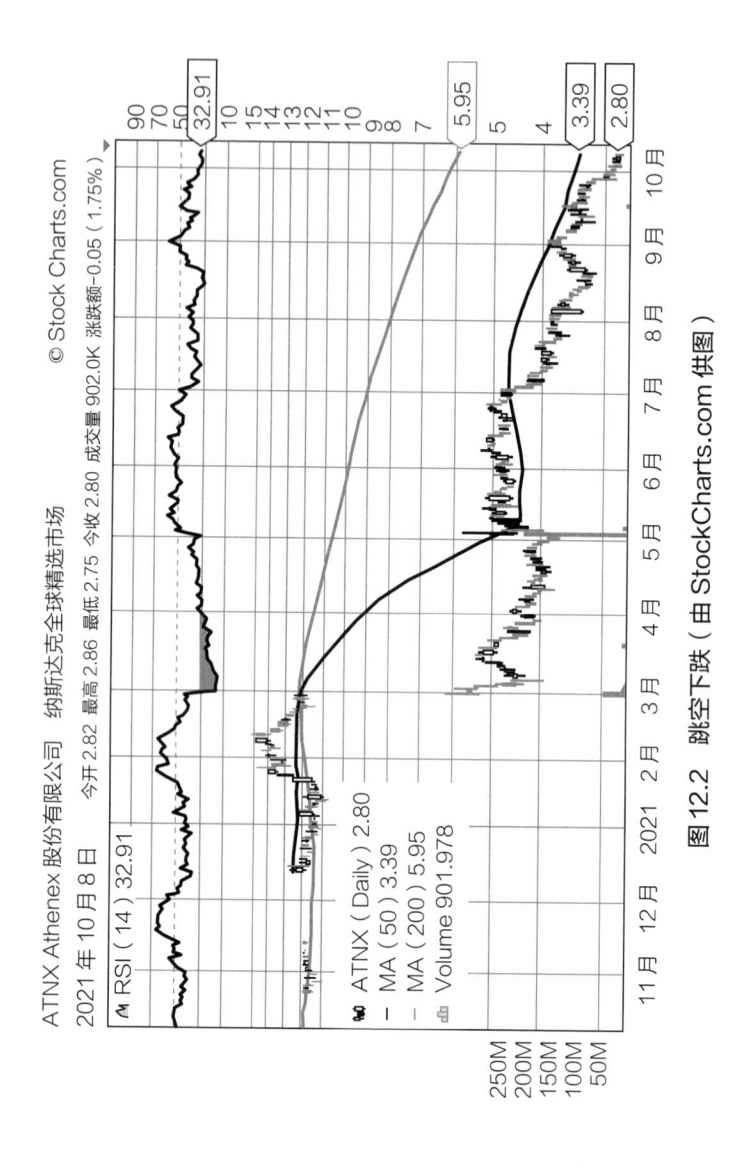

图 12.2 跳空下跌（由 StockCharts.com 供图）

每股 4 美元。股票未能从第二次重创中得到恢复。几个月后，股价下跌至每股不到 3 美元，它最终成为一只低价股。那些在每股 6 美元时持有它的人可能曾说服自己，这只股票跌得太低了，现在卖出会赔钱。现在股价低于每股 3 美元，他们又会做何感想呢？

据戴维称，股价暴跌至接近 6 美元时，他抛售了所有股票。然而，有几位团队成员没有卖出，有一位成员将全部积蓄投入到该股票上。据我上次了解，这位成员至今仍然持有该股。

截至目前，Athenex 仍然处于低价股的行列中。奇迹般复苏的可能性极其渺茫。你绝不希望成为"被迫持仓的人"。因此，怀揣希望绝不是被迫持仓的理由。

经验教训

如果戴维遵循技术指标，或许早在 Athenex 股价跳空下跌之前，他就会察觉到事态不对。当这只股票达到历史最高点 20 美元时，开始急剧下跌，跌破了移动平均线，跌至每股 15 美元时该股票才到达支撑位。显然，20 美元是它的压力位，这是一个警示信号。

敏锐的股民会在每股 15 美元时卖出，特别是当这只股票跌破移动平均线时。虽然技术指标不能预测未来，但它们能起到预警作用。

我也理解戴维当时为何没有将股票卖出。毕竟，Athenex 过去曾多次经历过逆转。之前每次逢低买进时，投资者都能大赚一笔。

除了过于依赖逢低买进之外，戴维还犯了一个心理错误：他和朋友们对这家公司及其股票产生了感情。一旦他们成为这家公司的啦啦队，他们就会失去理智。他们会不忍心卖掉这只股票。这只股票已然成为他们家庭的一部分。更危险的是，许多人大量持有该股。

我曾见过其他投资者也陷入这种情况。他们没有进行多样化投资，也没有减少投资金额，而是把所有筹码都押在其中一个心爱的投资上。这些投资者通常会在股市盘整和崩盘期间赔得一干二净。

如果这种药物获得批准，戴维和他的伙伴们就赢到了。然而，戴维忽略了一点：投资是一场赌博，一种孤注一掷的交易。作为股民，我们不应参与这种孤注一掷的交易。那不是交易，而是投机倒把的骗局。

虽然没有人能够预测 Athenex 会在哪一天跳空下跌，但一旦这种情况出现，你就应该马上清仓退出。这只股票跌得如此严重，需要好几年才能恢复。

戴维等了几天才卖出。Athenex 没有立即反弹时，他宣布抛售了全部股票。他本可以锁住 187 000 美元的利润，但却损失了约 51 000 美元。如果他当时没有卖出，他可能就会再亏 50 000 美元。

如果你觉得跳空缺口交易很刺激（或者你是厌恶风险的人），

第十二章　跳空缺口交易

那么你会喜欢下一章关于交易加密货币的内容。加密货币交易更确切地说是一种投机而非投资。由于许多读者对它感兴趣，我觉得讲讲也无妨。无论你喜欢与否，加密货币都将会长期存在。

第十三章
加密货币

我第一次了解到加密货币是在2015年,那时候我的邻居利奥向我介绍了第一种数字货币——比特币,当时其售价是每枚300美元。我对这种仅在电脑上存在的货币概念既感到好奇,也觉得有些困惑。

利奥解释说,这种货币以数字形式被存储在计算机上。他大胆预言:"总有一天,每枚比特币价值将达到5万美元。"

我对他的预测不以为然。"你真的这么认为吗?"我怀疑地问道。显然,我一点也不相信他那些疯狂的理论。

我对这项技术进行了一些研究,因为感觉它风险太大,所以我放弃了买入它的想法。然而,利奥被加密货币迷得神魂颠倒,我们就加密货币进行了多次交流。他向我展示了他的账户,告诉我该如何交易。

几年后,比特币涨至每枚3000美元。利奥兴奋不已,不由地给我打电话,告诉我他花完了所有的钱,用6万美元买了20枚比特币。我再次拒绝买入它。我明白不能听信邻居或朋友的建议。稍后,我会告诉你利奥和他的20枚比特币怎么样了。

如果早些时候我采纳了他的建议(这可算是邻居难得的正

第十三章 加密货币

确建议），投资了比特币，那么现在我就可能坐在法国海岸附近的豪华游艇上写这本书了。

在本章，我将向你介绍加密货币，介绍其运作机制，以及它们的风险和回报。无论你喜欢与否，加密货币将长期成为新闻焦点。

加密货币

加密货币是一种只能以电子形式存在的数字货币，因此被称为数字黄金或电子货币。许多人感到困惑的是，它是由计算机代码（加密）创建的。接受特定加密货币的人可以将加密货币作为支付方式，用于购买商品或服务。

加密货币背后的革命性理念是：美元、欧元、墨西哥比索、挪威克朗、瑞典克朗和日元背后都是政府的支持，而加密货币却是被人为设计出来的，任何单一实体都无法对它进行监管或控制。它是一种去中心化技术，分散在成千上万台计算机上。这些计算机记录和管理用加密货币进行的交易。

加密货币的运作基于区块链技术，这是一种数据存储程序，它能够记录并追踪每一笔交易。它利用网络上所有的计算机将这些信息串联起来。区块链使用计算机代码进行加密。

区块链的设计宗旨在于让欺诈行为难以实施。虽然违规事件（黑客攻破了区块链协议）时有发生，但人们仍然认为它是"不可被黑客攻破的"。

区块链是记录每一笔加密货币交易和地址的公开清单，是审查加密货币交易和避免重复的一种方式。区块链账本能轻易追踪每笔交易。

区块链技术使加密货币能够在无须政府或银行支持的情况下流通。这表明央行或政府不能通过增发货币来"稀释"货币的价值。这就是加密货币变得有价值的一个原因。也正因如此，许多政府对其深感厌恶。

储存加密货币

加密货币没有实体形式，而是存储在电子设备中（如计算机、在线平台、外部硬盘或数字钱包）。因此，它有一个数字钥匙或私钥（密码）。

获取加密货币资金的唯一途径是使用你的加密货币钱包地址，这是一长串独一无二的字符串。有了这个地址，你可以将加密货币兑换成现金，并转入银行账户。通过钱包，你可以发送和接收加密货币。因此，加密货币地址或私钥是非常重要的，你最好不要忘记。

加密货币的类型

比特币和以太坊是最有名且规模庞大的加密货币，除此之外还有数以千计的其他加密货币。挖矿能持续产生新的加密货币。一些人通过挖矿积累加密货币，但这一过程涉及烦琐的数学计算。

建议：加密货币的种类繁多，真假难辨。

央行为何不青睐加密货币

加密货币让大多数央行感到不安。本质上，加密货币是"没有国籍"的，与任何一国的政府或金融机构没有联系。这种数字资产由一大群计算机控制。

在一些国家，人们可以用加密货币在全球范围内自由地转移资金，而不受政府的监管。犯罪分子很容易神不知鬼不觉地将资金转移至不同国家，执法机构很难对其进行监管。

虽然一些政府对加密货币感到忧虑，但有的国家对加密货币并不反对。例如，萨尔瓦多是第一个将加密货币作为法定货币的国家。未来，一些央行也将推出自己的数字货币。正如他们所说，打不过就加入。

加密货币的特点

加密货币的特点是：不存在中央银行这样的中介机构，没有任何人能够操纵其价格的上升或下降。它的价格是根据真实的供需关系而变动的。

加密货币的支持者认为，加密货币最终会取代美元、欧元或日元等传统货币。华尔街的许多公司一直在大量投资加密货币，这也是比特币价值飙升的一个原因。

此外，微软、美国电话电报公司 AT&T 和万事达卡等公司允许客户使用加密货币进行支付，更多的公司也开始效仿。得到机构和企业的支持后，加密货币不再仅是一时的风潮。

加密货币的风险

加密货币不受金融实体的支持。如果你的加密货币被黑客攻击或者你把比特币发错了人，你将会无法获得退款。这是加密货币极具风险的原因之一。

许多传统投资者无法接受加密货币这一概念。例如，在 2021 年的股东大会上，伯克希尔·哈撒韦公司副董事长查理·芒格表示，比特币只是"人造黄金"，与文明的利益相悖。

此外，加密货币还有其他风险。假如你所依赖的在线加密货币交易平台面临破产风险或遭遇黑客侵袭；假如你忘记了密码或是你的数字钱包被盗，那么你的资金就会蒸发。目前，暂时还没有客服热线能够帮你追回资金，因此你需要妥善保管私钥。

最常见的问题是你把比特币发错了人。如果接收方不同意退还加密货币，交易就无法撤销。正因如此，骗子才坚持要求用加密货币支付。

第十三章　加密货币

提示：如果有人只接受加密货币，这就是有问题的。

加密货币存储在哪里

如前所述，加密货币仅以计算机代码的形式存在，因此需要将其存储在数字钱包中。最理想的做法是离线存储（如存储在计算机、U盘或移动设备上）。

另一种方法是直接将你的加密货币存放在加密货币交易所，你可以在这里交易包括比特币在内的数百种数字货币。目前最大的平台是美国加密货币交易所（Coinbase）。虽然还有其他交易所可供选择，但美国加密货币交易所最出名。你可以随时将你的账户切换到其他交易平台上。

未来，其他公司将为加密货币交易者提供托管服务。例如，2022年，美国道富银行（State Street Corporation）与Copper.co合作为机构客户提供数字钱包，以存放客户持有的数字资产。

加密货币诈骗

交易加密货币产品最令人头疼的是，这个领域里充满了各种市场操纵者。这些人会在社交媒体上散布误导性的建议，诱导你购入他们的虚假货币，或者试图说服你加入他们不靠谱的加密货币交易所。当前，加密货币是一种风险性投资，如果你做了充分的研究，你应该就能够避免最明显的诈骗。

189

最关键的是，要远离那些外表光鲜、闻所未闻的加密货币交易所。许多都是充斥一夜暴富骗局的网站，它们为的就是骗取你的钱。因此，做一些基础研究，切勿将资金托付给不明身份的公司。原因是许多小交易所容易受到黑客攻击。

加密货币的历史

首个加密货币"比特币"是在2008年一份名为"比特币：一种点对点的电子现金系统"的白皮书中首次被提出的。该白皮书的作者是中本聪（化名），白皮书在雷曼兄弟公司于次贷危机中倒闭后的一个月后发表。

一年后，中本聪创建了第一个区块链数据库。至今，中本聪的真实身份仍然未曾被披露。中本聪于2010年消失，此后再无音讯。

2010年5月22日，佛罗里达州一名男子拉斯洛·汉尼克用1万个比特币购买了两份比萨，这是第一笔加密货币交易。当时，这些比特币每个仅值0.4美分（总价值约为40美元）。因此，每年全球加密货币爱好者都会在5月22日庆祝比特币比萨日。

加密货币的未来

许多人想知道加密货币到底是不是一场骗局，以及其未来的趋势，还是终将会成为破灭的巨大泡沫。答案无人知晓，但支持人士期望，终有一天，加密货币能像现金或信用卡那样成为常态。

无论你对加密货币有何看法，拥有这种货币就像坐过山车。这就是为什么加密货币交易者经常告诉彼此，如果想要存活下来，那么最好冷静持币。如果你能在价格的过山车上处变不惊，那么你就可能会获得丰厚的回报（当然也有可能损失惨重）。

非同质化代币

非同质化代币作为一种独特的数字产品，目前正在被积极开发之中。从技术上说，非同质化代币被存储在以太坊区块链上（一些也存储在其他区块链上，如币安智能链[BSC]上）。"非同质化"一词意味着它们是独一无二且不可替代的。可以将非同质化代币视为一种"智能"合约，它可被用于证明或确认数字资产的所有权。

非同质化代币深受大众的喜爱，许多人不明白这是为什么。特别是在艺术界，数字艺术非同质化代币作品以数十万乃至数百万美元的高价成交，这一现象令人震惊。

许多人不明白，为什么一些非同质化代币投资者要花大价钱去拥有一个别人可以在网上随意查看的东西。例如，如果你购买了一份非同质化代币数字图像，区块链账本就是证明你在区块链上拥有这一独特代币的凭证。假如其价值上升，你便能以更高的价格转售给他人。或者你也可以保留这幅数字艺术作品的所有权。

未来，非同质化代币将从艺术领域走向游戏、音乐、电影以及其他新媒体领域。大众对非同质化代币的兴趣很可能会继续，但它的未来也是未知的。

我的邻居利奥的故事

我想告诉你我的邻居利奥和他20枚比特币的故事。比特币价值不断攀升（途中有许多波折），他将这些币视为珍宝。有一天，比特币价格一飞冲天，每个币高达2万美元。利奥在当天就获得了34万美元的利润。

那天他打电话给我，告诉我这个好消息。"我要买一辆兰博基尼，或者一栋新房子。"他难掩兴奋，我能听出他声音中的喜悦。

我建议他卖掉一些比特币，他对此不屑一顾。"每枚币还能上涨到10万美元。"他预言，这个数字是他最初预测的两倍。

几周后，比特币价格突然从2万美元暴跌至6000美元，利奥惊慌失措地卖出了所有的币。尽管成交价很低，但他仍勉强赚了一点。

几个月后，他卖掉了房子，自那以后我再也没收到他的消息。我不知道他发生了什么事，也不知道他是否还紧抓着比特币不放。如果他继续持有最初的20枚比特币，当比特币价格飙升至每枚6万美元时，他的收益将达到1 140 000美元。也许他10万美元的预测会成真。

第十三章 加密货币

我认真总结了比特币和利奥的交易经验。他最初的预测是准确的，但当比特币价格暴跌时，他的表现太冲动了。从利奥那里我明白，在交易比特币时，虽然有赚钱的机会，但赔钱的概率也很大。

第十四章
低价股

本章将介绍一种受欢迎的高风险策略：购买低价股。我会尽力向你阐述这种策略的实情，以便帮你弄清楚其风险和收益。虽然有些股民在低价股交易中获得了成功，但还有许多人并未如愿。

如果你正在考虑炒低价股，请先读完本章。那些一头雾水的新手盲目购买了低价股，从而损失惨重。我的目的就是让你汲取这些血本无归的教训。

交易低价股

美国证券交易委员会的规定，低价股是交易价格低于每股5美元的股票。由于这些小型公司的股票未达到在大型股票交易所上市的最低要求，它们就在纳斯达克的场外进行交易。它们被称为粉单股，因为这些股票的名称和价格曾经印在粉色纸上。

人们炒低价股是因为其股价极低，非常实惠。他们总是希望其中一只低价股会翻倍，再翻倍，带来小额投资的巨额

第十四章 低价股

回报。

举个例子，仅需 1000 美元，你就能以每股 0.50 美元的价格购买 2000 只低价股。如果该股最终涨至 1 美元，那么利润将达到 100%（在这个例子里，你的利润就是 1000 美元）。这就是低价股的诱人之处，但低价往往不过是一种幻觉。

让我解释一下：你可能以 1 美元的价格购买一只低价股，然后眼睁睁看到它在几天内（甚至是同一天内）跌至 0.70 美元。这种情况在低价股中经常发生。低价股之所以便宜，是有原因的。这可能是这些公司管理不善，盈利少或没有盈利，或者是这些公司负债累累。无论原因是什么，它都缺乏足够的买家来将股价推高。

即便它们价格低廉，这些股票通常也就不太受到关注。因此它们的成交量很低。例如，主要股票交易所的大多数股票每天的成交量都是几百万股，而一只低价股每天的成交量可能不超过 10 000 股，甚至更少。

许多股民对这些股票了如指掌，然而要想成功地运用低价股票策略，你必须具备自律、知识、把握时机的能力和一点儿运气。此外，炒低价股票还有一个重大问题：由于成交量小，低价股就很容易受到操控。

假如有人以每股 1 美元的价格买入 10 000 只低价股（该股的日成交量仅为 25 000 股），那么它的价格将会受到影响。这也是一些资金充裕的人选择低价股的原因：他们可以干预低价股的价格。当大量订单促使价格飙升时，他们会抛售手中的股票，使其他股民非常被动。他们还没来得及退出，价格就暴跌了。

我知道你们中的一些人企图"用 1000 美元赚取 10 000 美元！"。但冰冷的事实是：通过低价股获得大笔收益的机会极为罕见。

如果你坚持炒低价股

尽管风险重重，但也有一些方法可以让你成功地炒低价股，但这并非易事。大多数情况下，你不仅没有获得巨额利润，而且还会损失惨重。低成本确实很诱人，但不要抱着用低价股来实现一夜暴富的幻想，这种情况少之又少。

如果你能够通过炒低价股赚钱，或者下定决心要取得成功，请参考以下几点建议：

- 寻找劲头强势的股票（技术指标和振荡指标均呈上涨趋势）。
- 如果获得了 20% 或 30% 的回报，立即收手。对低价股来说，这 30% 的收益可能会迅速消失。
- 选择日成交量在 100 000 以上的低价股。如前所述，成交量和流动性低的低价股容易被操控。
- 只使用限价单进行交易，永远不要使用市价单。低价股之所以便宜，是有原因的，所以要谨慎交易。
- 进行小额交易，因为赔钱太容易了。

注意：网站介绍了相关规则，并提供了有关场外交易股票的信息。

网站是由金融业监管局管理的"公告板"，供订阅金融业监管局的用户使用。如果你不是订阅用户，请点击放大镜图标并搜索"场外交易股票"或"低价股"，上面会有这些股票的信息。

建议：在炒低价股之前，务必制定一套买入和卖出的规则。低价股股民要严格遵守这些规则。

低价股交易信号

由于流动性低，成交量不足，技术指标就对低价股不太有用，有时甚至完全没用。一些低价股股民转向基本面分析。最明智的做法是：在购买股票之前你要尽可能多地了解该公司的整体情况。

以下是在炒低价股时要留意的一些技术指标：

- **移动平均线**。寻找突破20日、50日和100日移动平均线的低价股。
- **异同移动平均线**。寻找有利行情（异同移动平均线高于0线且超过9日信号线）。一些股民表示，对于低价股，异同移动平均线是最可靠的一个指标。
- **异同移动平均线直方图**。寻找颜色深的直方图条，这是动量增强的信号。低价股股民希望看到动量增强。不要忘记，动量的变化先于价格。因此，如果动量减弱，你要随时准备弃仓。

- **相对强弱指数**。借助相对强弱指数识别超买，并确认上升趋势的强度。如果相对强弱指数突然下滑，股价就可能在酝酿下跌动量。这不一定是卖出信号，但最好通过其他指标进行确认。低价股股民不宜长久持有已超买的股票，以防逆转时被套牢。

- **波动率**。波动率增大是一个利好行情。这种情形常出现在超买股票突然大涨时，这会使价格飙升至高位。然而，切勿恋战，以免被困其中。动量开始收缩是一个危险信号。

- **支撑位和压力位**。当股票突破压力位，且你持有多头头寸时，恭喜你处于有利地位。低价股股民尽量顺势而为，但务必保持谨慎。每个低价股股民都有自己的卖出标准。就算这只股票突破了压力位，你也需要找准时机退出。

上述这些技术指标可能对你的交易有所帮助，但在你炒低价股之前，我想提醒你注意一些常见的低价股骗局和风险。

低价股的风险

如果低价诱惑你去炒低价股,那么我将告诉你其中的一些风险。在开始首次实盘交易之前,请务必先了解可能遇到的问题。

这些小市值股票之所以在粉单上,不是因为这些公司盈利丰厚,实际上它们几乎没有任何盈利。或许这些公司曾经辉煌一时,但后来却一蹶不振。有些公司只能赚取微利甚至分文不赚。粉单股票并无最低要求,你买入的很可能是一文不值的垃圾股。

注意:粉单上列出的大多数低价股极有可能下跌。有一家公司确实摆脱了低价股状态,重获新生,那就是苹果公司。但这样的概率只有百万分之一。苹果公司之所以能够复苏,这要归功于天才史蒂夫·乔布斯。不要期望你的低价股会像苹果公司一样。这些股票之所以沦为低价股,都是有原因的。

低价股骗局

低价股成交量低,波动率高,因此它经常被无耻之人利用,诱惑你购买便宜但几乎毫无价值的垃圾股。他们会通过电话、钓鱼邮件或短信来联系你。他们甚至可能会向你发送虚假的正面新闻稿。

我的建议是：如果有推销员或陌生人给你打电话，请你购买低价股，那么千万别听。（绝对不要从这些人那里购买任何东西。）你可能会听到类似这样的推销："朋友，想不想买一只股票？每股只需 10 美分！只需 1000 美元，你就能拥有 1 万股。如果回头涨到 1 美元，你就会赚取 9000 美元。怎么样？很划算吧？相信我，买这只股。"

《抢钱大作战》（*Boiler Room*）是一部关于人们如何轻易受骗，购买低价股和其他冷门投资产品的电影。该片揭露了黑暗的内幕：推销员经过培训，说服那些毫无戒心的投资者购入劣质低价股。

可悲的是，每天都有成千上万的人会被这些骗局所欺骗。低价股券商公司用花言巧语让你相信，如果不在 10 分钟内买入该股，你就会错失本世纪的最佳交易。

事实上，这只股票永远也无法摆脱困境。而且如果这只股票真的那么好，推销员为什么自己不买？他们为什么要给像你这样的陌生人打电话？答案是：只要买了他们推销的那些垃圾产品，他们就能从你身上吃回扣，这笔收益还不小。

抬高抛售

另一个常见的不良做法是：小型场外交易公司的内部人员公开呼吁，要求公众购买他们的股票，因为这是一个"千载难逢"的机遇。

第十四章 低价股

诈骗者在聊天室发布正面信息、群发电子邮件、在电视或广播节目中宣传、发布过分乐观的新闻稿和通讯,以此来激发人们对该股票的兴趣。目的是人为抬高股价。股价上涨不是靠扎实的基本面,而是全凭炒作。

随着股价的上涨,抬高股价的人开始准备在历史最高点抛售。越来越多的投资者买入股票后,内部人员在人为高点抛售股票。最终,股价陷入暴跌。

你猜,最终谁会持有这些一文不值的股票?没错,正是那些被炒作迷惑了心智的投资者,他们始终相信股价还会上涨,所以他们不会抛售自己的股票。

"抬高抛售"是最古老且最有效的股市骗局。通常,抬高抛售被用于每股售价不到3美元的低价股,因为这些股票很容易被操控。

骗子的任务是赢得你的信任,从你身上骗钱。不要相信任何给你打电话、发短信或发送电子邮件的陌生人。

注意:与"抬高抛售"相反的是"做空和歪曲",即不道德的做空者发表负面言论,试图推低该公司的股价。

我的看法是:尽管存在着诸多风险,但如果你决心要炒(或"赌")低价股,那就从小额交易开始。借助从本书中学到的技能,我希望有一天你能脱离低价股,在主要市场指数中交易股票。

杠杆交易所交易基金：不推荐

众所周知，交易所交易基金是一个很好的投资选择。它们提供即时的多样化投资，并且像股票一样交易。然而，有一种交易所交易基金：杠杆交易所交易基金，风险极高。

与标准交易所交易基金提供的一比一回报相比，杠杆交易所交易基金的回报率可能是二比一或三比一，即基本指数的两倍或三倍。杠杆交易所交易基金的主要目的是放大基准回报率。

风险是：由于这些杠杆产品的复杂性（如期货合约、期权、远期合约、互换交易等）和跟踪误差（交易所交易基金偏离其基准时产生的误差），几乎所有人都不适合购买这种产品。

对于这些产品，唯一可以接受的持有期限是一天。持有的时间越长，它们的表现就越不尽如人意。

举个例子：对于"传统"的投资而言，如果你的资产一天上涨5美元，第二天下跌5美元，你的收益和损失就抵消了。然而，对于杠杆产品而言，在这种情况下，资产会贬值。让我解释一下。

由于交易所交易基金投资组合必须不断重新平衡。随着时间的推移，用于重新平衡的额外费用会增加。归根结底，投资者持有杠杆交易所交易基金的时间越长，回报就越少。加上较高的费用和开支，你的潜在收益甚至比预期的还要糟糕。

基于这个原因，除了最有经验的当日股民，我不建议任何人购买杠杆交易所交易基金，无论是多头还是空头。对于经验丰富的股民来说，交易杠杆交易所交易基金是合适的。但对于其他人来说，我建议不要购买这种产品。有许多非杠杆交易所交易基金可以满足你的需求，不必冒险尝试高风险产品。

总之，选择传统的、非杠杆交易所交易基金，你就不必担心这些问题。如果你不听我的建议，购买了杠杆交易所交易基金，请不要持仓过夜。

提示：如果一个交易所交易基金被描述为"超级"，那么它就是一个杠杆交易所交易基金。

现在，你已经了解过高风险、高回报的证券。让我们看看，你最糟糕的财务噩梦——盘整、崩盘和熊市——成真后会发生什么。

在第五部分，你不仅将学习如何为这些事件做好准备，还将学习在它们发生时应该怎么应对。想象股市下跌的情景并不愉快，但事先了解这些情况对我们是有益的。喜欢恐怖故事的人会发现下一部分的内容很刺激。

第五部分

盘整、崩盘和熊市

我原本打算将该部分命名为"紧急手册"。当你遭遇上述任何情况时,你会庆幸自己读了相关内容。在这一部分,我将讨论熊市可能会发生什么,并分享了与一位熊市亲历者的访谈。他告诉我,在熊市到来时(不是假设,而是确定会发生)该如何存活下去。

说实话,做多的投资者更愿意忽略熊市或股市崩盘的可能性,除非他们亲自经历。有人会好奇接下来会发生什么(这可能是你读本部分的原因)。我尽力让这部分读起来不那么枯燥。

当市场指数下跌超过 20% 时,大多数投资者的投资净值将会减少。在几周内,多年累积的收益可能瞬间蒸发,这让他们痛苦不已。最严重的熊市甚至会持续数年。

如果你在华尔街工作或是一名股民,持续的熊市给你带来的痛苦将尤为剧烈。如果没有提前做好准备,它可能会极大地改变你的生活,使你的生活变得越来越糟。读完本部分后,我希望你能为这不可避免的情况做好准备。

在第五部分，我们首先讨论的策略是做空。做空是资深股民常用的方法，让你在股票或整个股市下跌时仍然能够盈利。这个概念对于新手来说可能有些难以理解，但学习这一策略非常重要，特别是在盘整、崩盘和熊市期间。

第十五章
做空

在本章，我将介绍一个非常有吸引力但具有一定风险的策略：做空。当你采用这种策略时，就算某只股票或整个股市走低，你仍然能获利。某些人可能会认为，从股市下跌中获利既不道德也不爱国。但我个人认为这并无不妥。归根结底，人们炒股的唯一目的就是赚钱。

做空者能维持股市的自由和独立。顶尖的做空专家能够找出市场的漏洞，揭露公司存在的财务问题。正因为如此，即便是那些希望做空者消失的看涨投资者也不得不承认，做空者在股市中发挥着重要作用。

做空股票是一项更适合资深股民的策略。原因很简单：当你出售一只你实际上并不持有的股票时，你希望终将能以更低的价格将其买回。这其中的风险在于：如果股价走高，你将遭受损失。

做空是一种高级策略，它能在经济形势不佳或某只股票遇到困境时帮助投资者获利。有必要了解这种策略的原理、使用它的理由，以及如何从下跌的股票或指数中赚钱。只要你严格自律并及时止损，做空无疑就是一个值得考虑的策略。

注意：除了做空股票，你还可以购买反向交易所交易基金，这个话题我们将在后面讨论。

做空的基本概念

你投资一只股票并期望其价格上涨，这称为做多。你的目标是低价买入，高价卖出。盈利等于买卖价格的差额乘以所持股票的数量。

而当你做空一只股票时，你的盈利来自该股票价格的下跌。做空时，你首先需要从券商那里借入股票，然后将其卖出（卖出你实际上并不拥有的股份）。

目的是在股价下跌后以更低的价格买回股票（平仓）。如果你之前从未尝试过做空，这个过程起初会让你感到有些陌生。做多和做空都不重要，关键在于能否获利。

做空示例

假如你正在观察一只名为 YYYY 的股票，并预测在接下来的一个月里，它的价格将会走低。可能是因为有一些关于该公司的不利消息，或者你发现该公司最近负债累累，这会对其现金流产生不良影响。于是，你决定以每股 40 美元的价格做空 100 股 YYYY。

要完成这笔交易，你需要在券商的交易平台上选择一个限价单，执行"卖出 YYYY"或"做空"操作。由于你手上并没有 YYYY 的股票，券商系统会自动为你"借入"100 股 YYYY，每股定价 40 美元。

这笔 4000 美元的卖出收入（40 美元 × 100 股）将被存入你的保证金账户。有趣的是：如果 YYYY 的价格跌到每股 38 美元，你就能通过买回这 100 股（在券商系统里选择"买入平仓"）锁住 200 美元的盈利。

在执行这一操作后，你就赚取了 200 美元的利润。这些被借入的股票将归还给出借方，之后你便可以转向下一笔交易。

潜在的风险

做空是一种直截了当的策略，但实际上可能遇到很多问题。首先，如果你买入股票，大不了就是全赔了。虽然这非常痛苦，但在做空时，你的损失会有多大？答案让人恐惧：无限。股票一旦被做空，从理论上说，价格的上升空间是没有限制的。

以 YYYY 公司为例。如果与你预期的相反，YYYY 公司的股价不但没跌，反而上涨，那么 YYYY 股每涨一个点，你就会损失 100 美元。如果 YYYY 的股价不断攀升，你的亏损也就会跟滚雪球一样越滚越大。

这正是做空策略声名狼藉的主要原因。如果你放任损失累积而不采取任何风险控制措施，那么你可能会遭受巨额亏损。

大多数资深做空者都足够自律，他们会在股价走势不利时及时平仓。此外，如果客户做空的亏损过大，券商公司就会让你追加保证金，这是每个做空者都惧怕的情况。做空者必须向账户中追加资金，否则就会被强制平仓。

做空绝不是一劳永逸的策略。如果你决定做空某只股票，你就必须密切监控这只股票的走势，直至平仓。（你还可以使用止损买单，它可以在股价达到特定水平时回购股票）。

注意：如果做空，限制损失就至关重要。建议使用止损单来限制亏损，将亏损控制在10%以内。如果你从未尝试过做空，那么建议你从小额交易做起。

我还建议你进行十几次模拟操作后再进行实盘交易。损失可能会快速累积。因此做空只能偶尔使用，并且要非常谨慎地进行。

为了规避做空交易的种种风险（损失是无限的），我将介绍在市场指数下行的情况下仍能获利的另一种策略：购买反向交易所交易基金。投资反向交易所交易基金亦存在风险，但至少其损失是有限的。

现阶段，你已对做空的基本理念有所了解，接下来让我们探讨如何运用此策略。

第十五章 做空

如何挑选做空的盈利股

做空的一大利好消息是：寻找那些表现不佳且持续走低的股票并非难事。如果你选择做空，你的思维方式就必须与长线投资者的思维方式相反。寻找那些呈现下跌趋势的股票，随后跟随它们继续走低。以下为几条实用建议：

- 在各大财经网站如 MarketWatch、美国有线电视新闻财经网、雅虎财经、谷歌财经和美国股票网站 Market Chameleon 上可以搜寻到那些处于或接近 52 周新低的股票。有股民可能会做空这些股票，但逢低买进的投资者可能会做多。这构成了两种对立的策略，但最终仅有一方能够胜出。
- 寻找盘前趋势走低的股票。在上述网站上寻找那些在开盘时就下跌的最活跃股票。
- 利用券商提供的交易软件进行筛选。大多数券商的交易平台都具备定制化筛选功能，能帮你筛选出盘前表现不佳的股票。
- 关注开盘前上了新闻的股票。一些上了负面新闻的股票会在开盘时下跌，并可能在数分钟内逆转方向。这是做空的风险之一。如果逢低买进的算法交易程序决定对你正做空的股票发起一轮牛市攻势，你就惨了（参见下面"轧空"部分了解最坏行情）。
- 做空最弱行业板块中的最弱股票。不要做空那些已有大量做空股份总额的股票。尽管有些匪夷所思，但世界上一些最强大的股票往往也是被做空最多的，如苹果、亚马逊和微软等。

注意：做空股份总额是指某只股票被做空的股份数量。以百分比表示，做空股份总额是投资者目前作为空头头寸持有的已发行股票总数的一小部分。众多股民将其作为股市情绪的一项指标。例如，做空股份总额高显示出投资者对该股的悲观预期。

若欲查找具有做空股份总额的股票，请访问金融网站。大多数做空股份总额很高的股票至少有20%的总股本被做空（这是一个粗略的估计）。

在做空前，务必留意以下技术信号。

做空技术信号

- **移动平均线**。寻找股价突破20日、50日和100日移动平均线的股票（当日做空者关注的时间周期更短）。
- **异同移动平均线**。如果要做空，那么异同移动平均线必须对你有利，即异同移动平均线低于0线且低于9日信号线。还要关注看跌背离情况，因为它们给出的信号最有意义（虽然其信号比随机指标给出的信号滞后）。你也可以用异同移动平均线确认你的股票或交易所交易基金是否有逆转的风险。

- **异同移动平均线直方图。**做空者希望看到价格势头在上涨的过程中下降，在下跌的过程中上升。

- **慢速随机指标。**做空者希望%K线和%D线走低，但当两者降至20以下（超卖）并交叉时，你就该买进股票了。当股票出现超卖时，做空者应尤为警惕，因为逆转随时会发生。

- **相对强弱指数。**借助相对强弱指数识别超卖。如果相对强弱指数突然走高，股价就可能在酝酿上涨动量。如果你要做空，这不一定就是"立即离开"的信号，但你最好保持警惕。不宜长久持有已超卖的股票，以防算法交易程序决定对你正做空的股票发起一轮牛市攻势时被套牢。

- **波动率。**没有经验的做空者往往在股票走高时做空。他们最大的错误是没有去看布林线或相对强弱指数。如果做空者注意到波动率增大，而股票（包括超买的股票）也在走高，他们就应该知道，这时做空风险太大。明智的做法是等到波动率达到峰值并开始收缩。这时你可以试探性地做空。请注意，我写的是"试探性地"。如果你要做空，不要一次性下巨额赌注。如果失误，当潮水退去时，你会觉得自己在裸泳（套用沃伦·巴菲特的话）。

- **支撑位和压力位。** 如果股价跌破支撑位，技术指标转为负值，恭喜你处于有利地位。出于上述原因，在跟随下跌趋势的同时，务必要保持警惕。每个做空者都有自己的卖出标准。
- **K线图。** 如果K线图由绿转红，而且其他看跌K线图形态显现，那你就要注意了。股票很可能会下跌（对做空者而言是好事）。

注意： 若采用基本面分析策略，你就去寻找那些带有负面信息（如盈利失误、管理决策失误、销售疲软或会计违规等）的股票。这些问题均会对股价产生负面影响。

做空你熟悉的东西

彼得·林奇曾言："投资你熟悉的东西。"他建议投资者亲临商场或门店，以获取投资的想法。在获得想法后，他建议投资者进行深入研究，直至发现一家收益丰厚、欠债很少的公司。做空者亦可采纳林奇的策略，但需反其道而行之。例如，几年前你在某商场发现，苹果店内的顾客络绎不绝，而西尔斯店内却门可罗雀。结果如何？苹果的股价持续走高，而西尔斯的股价则持续下滑，直至公司破产。

西尔斯也是风靡一时的公司，但其高层迟迟不将产品放到网上。最终，大众转向在线购物。西尔斯公司因跟不上潮流而被淘汰。

做空者应寻找那些盈利疲软、人流稀少且负债累累的公司。这些公司就是你做空的对象。

顺便一提，如果你对西尔斯做空，你将获得可观的利润。十年的时间，西尔斯从盈利股（2007年达到最高点，为每股195美元）沦为低价股。西尔斯的衰落并非做空者的过错。西尔斯的老板和高层管理人员一手埋葬了这家公司的大好前程。

"必然下跌"的误区

很多做空者专注于某一只股票（如特斯拉）。他们认为这只股票"必然下跌"。但你知道吗？如果你基于某些凭空想象的规则来做空股票（如认为某只股票的价格不可能连续n天上涨），那么你的做空到头来只会是一场"空"。

毕竟，没人能准确知道股市或股票的最高点在哪里。那些极度超买的股票也可能继续上涨（事实上它们经常如此）。华尔街上遍布做空者的失败案例，他们最常说一句话是："股票不可能永远上涨！"

真相：股价可能不会永远上涨，但它可能会上涨到让你血本无归。股市中一切皆有可能。

技巧与窍门

对于那些认真考虑做空的人,这里有一些技巧和窍门:

- 在做空之前,打电话给你的券商公司以确保你可以借到股票。一些券商会在他们的交易平台上标明某只股票是否可供做空。他们会写上"易借"或"难借"。对于一些小市值股票,可做空的股份很难被找到。同时,询问券商做空这些股票是否需要支付任何费用。
- 更糟糕的是,做空时,你必须在除息日支付股息。虽然这个金额不大,但一些股票的股息较大。如果股息为 1 美元,你做空了 200 股。因此,在除息日你必须支付 200 美元的股息。

提示:使用交易软件或检查股票统计页面,找到除息日和股息金额。查找股息日历是不错的资源,你的券商也应掌握该信息。

- 绝不要在财报发布前做空一只股票。财报通常在市场收盘时公布。如果你判断失误(收益超出预期),你就会损失惨重。

提示:如果你正在做空,要随时留意发布的财报、美联储会议和负面新闻等。要打有准备之仗。

- 在大幅下跌的日子里平仓，因为次日反弹很可能会出现。这并非规则，虽然有些股票可能会继续下跌，但要时刻警惕逆转。

大空头

如果你想了解一个专业做空者经历的痛苦，请观看电影《大空头》(*The Big Short*)或阅读迈克尔·刘易斯（Michael Lewis）的同名书籍。这部传记电影讲述了对冲基金经理迈克尔·伯里（Michael Burry）和其他做空者的遭遇。

经过彻底的分析，伯里得出结论：2008年的房地产市场处于泡沫中，并将崩溃——尤其是次贷危机。伯里使用复杂的衍生合约（信用违约互换）做空了房地产市场。

伯里的预测是正确的，但他的预测时间过早。前面提到，做空可能面临无限的亏损。伯里和其他做空者遭受了难以估量的痛苦，因为基础证券的价格越来越高。在此期间，伯里和其他做空者承受了数百万美元的损失。

普通股民难以承受这么长时间的亏损。这些专业人士通过深入的研究，坚信自己的判断是正确的。他们资金雄厚，可以承受一定的损失。然而，房地产市场的泡沫却持续膨胀，直至破灭。

那一天，雷曼兄弟公司与贝尔斯登公司一同申请破产。那时，伯里和其他做空者也赚了数亿美元。

教训：即使做空者是对的，如果他们太早做空，那么他们也会亏损。

用反向交易所交易基金做空股票

如果你害怕做空股票，这有一个更简单的方法：购买反向交易所交易基金。这是基金经理试图模仿一篮子理论股票被做空的表现。这里有个重要的部分：当交易所交易基金中的个股下跌时，交易所交易基金的价格会上升。

反向交易所交易基金为什么有用？假设你认为下个月标准普尔500指数将会下跌。与其做空特定股票（你需要一个大额保证金账户），不如购买一个反向交易所交易基金。

因此要得出这个结论，你必须进行基本面分析或技术分析，而不仅靠直觉。朋友的建议或危言耸听的文章都不是进行交易的理由。

购买反向交易所交易基金的优势在于其简单性。不是让你去做空个股，而是让交易所交易基金为你做空。更有趣的是，反向交易所交易基金适用于标准普尔500指数和纳斯达克指数，还适用于数百个其他指数和股票板块。

举个例子：如果标准普尔500指数今天下降1%，那么反向交易所交易基金将上升约1%。相反，如果标准普尔500指数上升1%，那么反向交易所交易基金将下降约1%。虽然反向交易所交易基金与标准普尔500指数移动的百分比相同，但方向相反。

购买反向交易所交易基金比做空个股要容易得多。如果失败，你大不了把投入的资金全部赔完，但不会无止境地赔下去。如果做空，你的损失就将超过你投入的资金。因此，对于想要押注股市下跌的人来说，购买反向交易所交易基金是一个可取的策略。

注意：反向交易所交易基金有标准普尔 500 指数 ProShares 做空（SH）或纳斯达克 100 指数 ProShares 做空（PSQ）。

并非所有投资者都青睐反向交易所交易基金，因为它们有时会涉及过于复杂的金融工具（如衍生合约和互换交易），这些工具的复杂性超出了本文的解释范围。因此一些评论人士认为，反向交易所交易基金更适合当日股民，这类产品并不适合长期持有。

警告：你在第十四章了解到的，你不应该购买杠杆交易所交易基金。同样，你也不应该购买杠杆反向交易所交易基金。杠杆产品仅适合当日股民，并且因其构建方式（如通过跟踪误差）而风险大大增加了。

轧空

如果一只股票在短时间内突然暴涨至惊人的高度，这可能是由于"轧空"导致的。如果你判断失误，你将遭受惨重的损失。轧空使所有做空者恐惧和惊慌。

一份美联储公告或一份积极的财报就可能给做空者带来灾难性的损失。许多新手不幸中招，但专业人士很少遭受重创。

直到2021年1月，一家陷入困境的实体零售商GameStop被轧空，成为动量股民的梦想和做空者的噩梦。

GameStop并不是华尔街人的最爱，因此许多专业人士做空GameStop。许多专业人士并不知道，成千上万的散户投资者聚集在Reddit（一个热门的互联网论坛）上买入GameStop股票。这是一场协调一致的"牛市突袭"，但更像是一场购买狂潮。

Reddit上的股民集体购买了数百万份GameStop股后，该股在两周内暴涨超过1500%。不到两个月的时间，该股从不到3美元涨到了483美元，波动率和股价都"一飞冲天"。

所有做空GameStop的人均遭受重创。据报道，对冲基金梅尔文资本由于大举做空该股，损失了数亿美元。也有报道称，一些对冲基金以及数千名散户在这一交易中损失了60亿美元。

对冲基金清点损失时，GameStop（和另一只被做空的股票AMC）停止了交易。这是小人物击败华尔街的罕见一幕，让华尔街震惊了好几个星期。

第十五章　做空

在 GameStop 和 AMC 中损失最大的股民是那些"裸卖"看涨期权的人（即他们出售了自己未持有的股票的期权）。

不仅做空者受到了伤害，券商们也头痛不已。券商们说，轧空之后，有的客户把他们的退休金全部拿来购买 GameStop 和 AMC 股，有的客户使用信用卡预支现金来购买这两只股票。有人赢，也有人输，许多投资者意识到他们承担了过多的风险。

现在，你已经学会了如何做空股票以及购买反向交易所交易基金，当股市暴跌时，你将处于更有利的位置。说到暴跌，如果你愿意读更多的金融恐怖故事，那么请读第十六章，你将进入一个思维比物质更强大的交易环境。

第十六章
熊市策略

如果你在盘整、崩盘或熊市期间阅读本章,你就来对地方了。或者你阅读本章是为了在股市行情不利时做好准备。无论出于什么原因,我相信本章的内容都会给你启示。

股民都不愿意看到市场回调或盘整,这一点无可厚非。对大多数人来说,这些情况并不乐观。但幸运的是,有一些方法,不仅能帮你在重大经济衰退中挺过来,并且还能让你赢利。读完本部分后,你将掌握许多有用的策略和技巧。

注意:如果你在牛市期间阅读本章,你可能会认为我是夸大其词。也许你相信,美联储已经找到一种方式,它可以永远避免熊市。我可以向你保证,这事儿绝不可能发生。

毕竟,只要股市存在,盘整、崩盘和熊市就会发生。即便没有人能够准确预测它们会发生什么,但许多人仍在锲而不舍地尝试。

在前面的章节中,我讲了如何利用技术指标来识别牛市趋势的终结。在熊市来临时,我希望你能用这些指标保护你的账户。

接下来我们开始讨论熊市的定义。

定义

熊市的官方定义是：从之前的高点下跌20%及以上。崩盘是指，股市突然暴跌20%以上。如果仅回调10%，那么这是一次盘整。

通常，盘整和崩盘不会持续很长时间，而熊市可能会持续一两个月，甚至一年（有时更久）。

盘整和崩盘是一件大事，对那些投资组合下跌20%、30%或50%的人，这是一个非常严重的问题。

这些情况对投资者及其家庭来说是非常可怕的。在最坏的情况下，股市需要多年时间才能恢复，有些股票甚至可能永远不会恢复。

唯一值得庆幸的是，盘整和崩盘通常不会持续很久，因为恐慌会很快消退。此时，股市迎来了杀价购买股票的投机人。与崩盘相比，盘整微不足道。后面，你将发现熊市与它们完全不同。

盘整

如上所述，要达到盘整的标准，市场指数必须从近期高点至少下跌10%。盘整可以持续几周甚至几个月。技术分析师认为，盘整是一件好事，因为它们有助于将超买的股市带回现实。每隔一段时间，过分热情的投资者就会被泼一盆冷水，现实让他们清醒地认识到，股市是会下跌的。

盘整对于那些没有限制风险的人来说是痛苦的。风险管理包括：分散投资，不使用保证金或杠杆产品，并在可能的情况下备有现金。

崩盘

崩盘是股市突然的猛跌，它的持续时间很短。自股市成立以来，"崩盘"这个词就是万千股民的噩梦。从那时起，股市发生了十几次崩盘，最严重的一次在1929年发生。我们希望那种规模的崩盘永远不会重演，但一切皆有可能。唯一值得庆幸的是，崩盘持续的时间通常很短。

在崩盘期间，市场指数快速下跌，幅度超过20%。崩盘看似凭空出现，但事后看来，有很多线索和警告信号预示着崩盘的到来。

大多数投资者都措手不及，损失惨重。当股市上涨时，很少有人相信股市会跌得那么低。在几天或几周内，整个投资组合全被清空。一些投资者因此一蹶不振。

只要他们没有冒极端风险，虽然账户中的资金会大幅减少，但大多数投资者最终还是能够挺过来。在崩盘期间不要做出任何鲁莽行为（如在恐慌中卖出所有股票）。投资者需要极强的心理素质。许多投资者在股市持续下跌时会做出非理性的决策。

> 提示：一个深思熟虑的计划是使用止损单，它可以消除崩盘中的大部分损失。

崩盘之日

我曾见过一些股民在金融崩盘中遭受重创。它有可能完全摧毁人们的生活和经济来源，此时人们情绪激动，恐惧四处蔓延。

在崩盘之日，由于恐慌，股民和投资者就纷纷打电话给券商公司，要求卖出所持股票。然而，券商公司可能会在收盘后才开始处理这些电话。在极端的股市下挫期间（如2010年5月6日的闪电崩盘），券商公司的网站会关闭。也就是说，你无法在那一天在线进行交易。你唯一能做的就是等待大规模抛售的暂时平息。

当所有人同时卖出股票时，崩盘就会加剧，并导致其他投资者和股民陷入恐慌。通常，一个国家股市的崩盘会蔓延至全球其他国家，这可能还会引发全球范围的抛售潮。

当互联网和报纸纷纷报道崩盘时，情况并不会好转。如果在这段时间你被迫持仓，最明智的做法就是静观其变。此刻不是跟随惊慌失措的大众卖出的时候。

几天后，恐慌最终平息。在幕后，美联储会降低利率和采用多种方式来稳定市场。如果这些方法奏效，崩盘只是短暂的。

在废墟中寻找机会

股市在经历一次重大崩盘后，通常会反弹。敏锐的股民会密切监控股市动态，寻找所谓的"死猫反弹"①，这是失败反弹的另一种说法。有时，这样的反弹没有失败，股市确实反弹回来，这对投资者而言是利好消息。

在崩盘之际，寻找买入机会是明智之举。如果崩盘能够迅速结束（这是大多数人的共同愿望），逢低买进不失为一个理想的策略。

历史上，一些世界级的优秀企业在崩盘时期降价出售自己的股票。那些原价为每股400美元的股票可能跌至300美元或更低。当大家都纷纷抛售时，逆行买入并非易事。如果你手边有备用现金，那么这不失为建仓的好时机。

不可否认，这是一个充满挑战的交易环境。崩盘之后的首次主要反弹是暂时的，这种现象被称为熊市反弹。这些虚假的反弹会吸引大量看涨的投资者，之后股市会再度下跌，他们就会被套牢。

---

① 股价在长期下跌后，短时间内迅速反弹，然后继续下跌的情况。——译者注

提示：在盘整和崩盘之后，要密切关注股市的反弹。如果股市继续走高，且股价在强劲成交量的支持下突破其移动平均线，那么这是一个看涨信号，这意味着最坏的时期已经过去。如果技术指标证实反弹具有持续动力，那么这是建仓的良机。

我并不是说，在崩盘之后逢低买进是件轻而易举的事。在这一时期，股市极为动荡，股价在3%到5%的区间内频繁波动。人们情绪高涨，很容易犯错。对许多人而言，最明智的策略就是静观其变。在这样动荡的时期进入股市，你很容易被股市的假象所欺骗。

熊市

熊市与崩盘完全不同。有些熊市持续时间较短，仅几个月，而有些熊市可能持续一年甚至更长。2002年的熊市是历时最久的熊市，持续了929天，摧毁了很多人的生活和财富梦想。

对于华尔街人或股民来说，漫长的熊市带来的是难以承受的痛苦。每个人都很可能经历熊市，但我希望熊市能很快过去。

注意：虽然盘整和崩盘让人痛苦，但由于持续时间相对较短，人们还是可以挺过来。然而，挺过漫长的熊市实属不易。

清算之日：如何准备

在熊市期间，一个清算之日总会出现。那一天，似乎所有人都同时涌向出口；那些之前忽视风险或波动率的人突然发现，自己再也无法忍受痛苦，并退出股市。通常，清算之日会成为股市的最低点出现的日子。

你读本章的目的就是为了避免落入陷阱。在崩盘或熊市到来之前，思考如何减少风险才是关键。如果能做到这点，你就能够从容应对任何挑战。

虽然无法预测崩盘什么时候会到来，但我们可以采取措施，减少损失。你绝不希望在危机中慌忙无措。最佳的准备时机就是在盘整和崩盘发生之前。

如同防备飓风一样，第一步是制定一份书面的应急计划，明确采取的行动。定期检查你持有的股票及在每只股票中投入的金额。即便不需要对股市每次 5% 的下跌反应过度，但也不能自满。

在股市连续多年甚至十年上涨的情况下，一些投资者开始认为，股市"永远不会再下跌了"。这种不现实的看法意味着他们对即将来临的下跌毫无准备。从许多方面来看，自满与恐惧一样危险。

注意：我并不是想吓唬你，而是告诉你在熊市到来前会发生什么。崩盘来得快，去得也快。漫长的熊市才真正具有破坏性，它可能比许多投资者预测的时间还要长。

以下是在熊市来临时应留意的一些信号。

盘整、崩盘或熊市的信号

- **移动平均线**。股票迅速跌破 50 日和 100 日移动平均线。在熊市期间，股票会长时间低于这些移动平均线。
- **异同移动平均线**。异同移动平均线低于 0 线和 9 日信号线。虽然这是一个滞后指标，但要留意逆转迹象。当异同移动平均线重新上升越过 0 线和 9 日信号线时，你就可以做多。
- **异同移动平均线直方图**。股市下跌时，异同移动平均线直方图条形会变暗。利用直方图来判断最坏情况是否已过。当直方图颜色变浅且动量增强时，这表明股价将要上涨。
- **慢速随机指标**。%K 线和 %D 线下降至严重超卖状态（低于 20）。当 %K 线和 %D 线跌破 20 并交叉时，这是一个买入信号。然而，随机指标可能会发出误导信号，在股市波动大时应谨慎交易。
- **相对强弱指数**。在崩盘或熊市期间及之后，相对强弱指数会跌至 30 以下，这表明严重超卖。如果相对强弱指数回升至 30 以上，你就可以做多。短线股民要随时做好放弃多头头寸的准备，以防反弹失败。

- **波动率**。波动率在崩盘期间和之后爆发，在熊市期间增加。经验丰富的短线股民在这些时期有可能获利，但这绝非易事。许多股民会逢低买进并在反弹时做空，但只有经验最丰富的股民能够挺过来。市场波动率指数在盘整和崩盘期间会飙升至 50 以上，但通常这种情况不会持续太长。这是一个充满波动的时期，赚钱和亏钱都会变得很容易。新手在波动期间应进行小额交易或根本不交易。

- **支撑位与压力位**。主要指数会跌破支撑位并保持在下方。当股市最终恢复时，指数会突破压力位并保持在上方。这种情况表明反弹具有持续动力，你可以做多。

熊市心理学

我生长在一个券商家庭，所以我目睹了持久而猛烈的熊市的威力。在我们家，熊市被视为禁忌语。当父亲要求我们关灯节电时，我们便知道熊市要来了。

我并不是说你应该终身惧怕熊市。我建议：不要被你的情绪所左右。你之所以阅读本章，是因为你想要为最坏的情况做好心理准备。

当熊市开始时，几乎没人愿意承认熊市已经来临。就像在我家一样，华尔街也没有人谈论这个话题。因此它不是聚会或烧烤上的热门话题。

在熊市的最低点，许多人开始相信，股市将永远不会上涨，就像他们之前认为市场将永远不会下跌一样。然而，有一点很重要：股市终将停止下跌，熊市也终将结束，只是没人知道具体的时间。

战斗还是逃避

造成熊市的原因并不是很重要，重要的是投资者能够意识到熊市的出现。一些投资者选择视而不见，拒绝查看券商公司的对账单，并对券商说："等一切结束时再叫醒我。"

要挺过熊市，必须保持清醒的头脑。此时不应陷于恐慌，也不应该相信谣言。就在几周或几个月前，一些人还沉浸在喜悦和过分自信中，在社交软件上炫耀他们奢侈的生活，表现得市场好像永远不会下跌一样。而现在，他们却在电视上战战兢兢地发声。

在熊市中应该卖出股票吗

几乎每个投资者都声称要低买高卖，但当指数暴跌，恐惧蔓延时，人们会抛弃这一策略。投资者会试图在账面损失加剧之前退出股市。

请不要误解我的意思：我并不是建议你在熊市中不卖出任何股票。我的意思是要冷静地卖出。如果你基于逻辑、线索和指标进行了技术分析和基本面分析，那么你可以考虑卖出。

不要想当然地认为股市会持续走低，从而慌忙卖出。更为重要的是，不要听信熟人的建议，跟着他们一同跳入深渊。

留意反弹

熊市专家马克·D. 库克（Mark D. Cook）经常强调，理解熊市的关键在于留意股市的反弹。熊市中有时会出现强烈的反弹，他称这些反弹为"一日奇迹"。而其他时候，反弹软弱无力，因此这预示着熊市还将持续。

熊市期间的行动策略

每个熊市的性质都有所不同，我只能提供一些指导性原则而非具体规则。如果熊市来去匆匆，大多数投资者几乎就感觉不到它的影响。

如果熊市的持续时间很长，它就会造成很大的损失。你需要确保你的投资组合具有多元化（包括黄金、债券，甚至数字货币），以分散风险，而不是把全部鸡蛋放进一个篮子里。

在熊市期间，现金为大，即便利率较低。你可以购买债券，这会在熊市期间为你提供一个避风港，但这具体取决于利率。如果美联储在熊市期间降低利率，投资债券或债券共同基金就是极佳的选择。

不可消沉

在熊市最深沉的阶段，痛苦最为剧烈的时候，投资者需要心无旁骛地继续关注技术指标。许多振荡指标可能显示出极端超卖的状态，这是逆转的迹象。

当股票或市场极度超买时，做多就像是玩火。投资者需要耐心等待逢低买进的机会。

许多投资者由于熊市的破坏性效应而心有余悸，可能永远对股市敬而远之。猜猜怎么着？这通常是摆脱恐惧，开始投资的最佳时机。

熊市即将出现的迹象

下面是我与已故熊市专家马克·D.库克的对话。在长时间的访谈中，他分享了熊市的10个阶段。每个熊市都不同，你经历的熊市可能与这里列出的顺序不太一样。

1. 失败的反弹

熊市临近的第一个迹象是反弹。如果股市无法强劲反弹或无法保持涨幅，这就说明股市受了伤。如果图上出现"低于旧低"和"低于旧高"的低点，股市就将受到进一步伤害。

2. 低成交量反弹

在低成交量环境中，反弹显得疲软无力。这表明机构投资者并没有买入。机构投资者通常是群体性的，彼此之间密切关注。如果整个群体没有立即紧跟，反弹就会失败。你会听到人们说，"这次不同，历史不会重演。"但事实是，历史总是重演。

如果股市在遭抛售后无法迅速或强劲反弹，甚至一半都无法反弹到，那它就是危险信号，预示着熊市即将来临。

3. 股票图不佳

另一个线索来自股票图。图上低于旧低的低点表明，曾经强劲的股市正在减弱。技术分析人员研究股票图后认为，如果股市收盘时低于旧低的低点出现，买家就将开始撤离。

倔强的看涨股民稳住阵脚，汗珠却从眉头上滑落。他们自言自语，"我不能卖出。"因此，他们没有卖出。

4. 强烈抛售

股市开始加速下滑，每隔几天，标准普尔500指数就会下降。在上涨的日子里，标准普尔500指数上涨缓慢，反弹幅度小，但下跌的速度就快多了，幅度也更大。

在这个阶段，看涨投资者仍在逢低买进，但热情大不如从前。因此，下跌期间的成交量在增加，而反弹却没那么有力。尽管如此，大多数看涨投资者并没有考虑卖出

（他们想卖出时已为时太晚）。

5. 共同基金赎回

股市已经进入盘整阶段。在图上，股市在整个季度创下低于旧低的低点。现在，投资组合下跌了 15% 或 20%，看涨投资者开始考虑卖出。20% 的下跌触发了共同基金的赎回。随着抛售的情况加剧，一些基金经理也开始考虑卖出。

6. 由自满转向恐慌

机构因担忧投资者的大规模撤资而开始减仓。负面的季度业绩激怒了投资者，这是他们情绪转变的首个信号。投资者最终会从一种自满的态度转变为深度恐慌，但这一过程是逐步发生的。虽然坚定的看涨投资者没有彻底清仓，但他们已明显减仓。随着时间的推移，股市将回吐先前的所有收益。

7. 一切新闻皆为坏消息

当熊市加速之际，好消息日益稀缺。现在，人们对发布的经济数据会更加谨慎。分析人士倾向于关注负面消息，对任何正面消息持怀疑态度。即便一些固执的看涨投资者依然持仓，但他们的焦虑已经显现出来。

8. 机构被迫卖出股票

部分看涨投资者终于承受不住压力。随着股市的连续下跌，成交量增加，一些固执的看涨投资者最终认输。损失超过 20% 后，许多人都认为，情况不会再持续恶化下去了。这些投资者坚信，美联储会像过去一样伸出援手。

然而，随着股市持续走低，投资者纷纷赎回他们的股票，这迫使许多机构退出股市。值此阶段，美联储的作用被忽略，股市不受控制。众多投资者迷失在混乱之中。

9. 宣告熊市的到来

市场已经下挫 20% 以上且未见反弹，媒体纷纷宣告熊市来临。股市跌幅甚至可能达到 30%。券商会劝说紧张的客户不要急于抛售。

在熊市成为各大媒体的头版头条之际，众多看涨投资者开始清仓。几个月前的盈利已转为亏损。由于大跌愈发频繁，股市的波动率日益加剧。

10. 投降

经历数周或数月的抛售之后，众多投资者开始查看自己的对账单，并陷入恐慌状态。他们意识到自己的投资组合在短期内无法恢复至原有水平，于是选择了投降。此时的成交量将超过正常水平的三倍以上。

此时，股市过热，一发不可收拾。金融公司濒临破产，更多公司陷入困境。看涨投资者几乎清空所有仓位，使得曾经盈利的投资组合沦为血海。大量券商公司对账单显示，股权损失达到 40% 或 50%，有时会更高。

当券商公司开始清算使用保证金交易的客户的投资组合时，投资者对股市的信心荡然无存。股市的形势不容乐观，部分投资者发誓再也不踏进股市了。多年累积的利润

第十六章　熊市策略

化为乌有。所有金融产品同步下滑，无一资产被视为是安全的。

虽然我希望你永远不要经历刚刚读到的金融恐怖故事，但至少现在你知道这是可能的。我将继续讨论熊市，告诉你专业人士如何应对熊市。一位是专业做空者，两位是长线投资者。然而，每个人应对熊市的方式都不同。

第十七章
专业人士如何应对熊市

在本章，我将介绍三位专业人士应对熊市的方式。一位是交易员，另外两位是投资者，他们都有自己行之有效的方法。有的什么都不做，有的从极端波动中获利。

我先介绍两位成功的投资者是如何应对熊市的。如果你也是投资者，他们的建议应该会给你一些安慰，他们都建议你坚持到底。

换句话说，如果熊市看起来不会很快结束，请仔细阅读这两位资深投资者的建议，他们会平静地告诉你，坏的情况终将过去。

彼得·林奇

在我的上一本书《走进股票》中，我与彼得·林奇进行了长时间的讨论。许多人认为他是历史上最伟大的基金经理。在 20 世纪 90 年代，他在 13 年间取得了惊人的 29.2% 年均回报率，这一成绩超过了当时 99% 的股票基金。他还是三本畅销书的作者，其中一本是《彼得·林奇的成功投资》（*One*

第十七章 专业人士如何应对熊市

Up on Wall Street）。

我曾有机会向他请教应对熊市的方法，他的建议简明而有趣："如果你了解自己所持股票的公司以及他们的竞争对手，你就处于有利地位。在股市下跌时，你不会感到恐慌。如果你对这家公司的业务一无所知，而股价已经下跌了一半，你该如何应对？如果你没有进行研究，不如去算一卦。"

林奇补充道，如果你因为股市下跌了 10% 或 20% 就惊慌地打算抛售股票，"那你最初就不应该炒股。有一句经典的话是这样说的：'由于担心盘整而损失的钱比盘整本身损失的钱还多。'"

他还说："在身体里，最重要的器官不是大脑，而是胃。如果你让胃来决定，你会动摇，因为当股市下跌时，你可能会卖出。"

他解释说，关键是要忽略负面的噪音："如果股市下跌 10% 以上，脱口秀节目都会充斥着负面信息，新闻节目也会充斥着悲观情绪。早上 7 点 15 分，你的心情就已经被破坏了。"

当市场暴跌时，投资者应该如何应对？他建议："只要你未来 10 年、20 年或 30 年内不需要用钱举办婚礼或支付孩子上大学的学费，你就不要着急抛售。这是成为一名优秀投资者的关键。"

林奇表示，有时，股市和经济看起来糟糕的时候就是你建仓或加仓的最佳时机。"这就是为什么胃是你最重要的器官。"他说。

约翰·博格尔（John Bogle）

这些年来，我与已故约翰·博格尔交流过多次。他是先锋领航集团的创始人和前首席执行官。1976年，他创建了世界上第一个指数基金，毫无疑问，他是指数化的大力支持者。

因为博格尔曾多次经历熊市，所以我询问他在面对熊市时会如何应对。他是否会抛售指数基金？

他迅速回答道："是的。首先，你应进行合理的资产配置，分散投资是必要的。股票占60%，债券占40%。如果你感到熊市的正在成型，你必须在股市达到最高点时卖出，并在股市到达最低点时重新买入。然而，我不确定是否有人真的能准确预测熊市的到来，我也无法预测熊市何时结束。这意味着你必须两次都判断正确。这种可能性非常小，你还是应该坚持长线投资计划。他告诉我在熊市来临前卖出股票是个很好的建议。然而，你能告诉我，什么时候可以重新买入吗？我认为，无论是熊市还是牛市，投资者都应坚持到底。不要在股市中耍小聪明。"

我继续问道："你有什么建议给投资者？"

他回答道："不要过于关注股市的日常波动。如果你分散投资，且成本较低，那么你可以坚持到底。虽然高点卖出，低点买入肯定是正确的，但我不知道是否真的有人这样做过。"

如果此时你正处于一个恶劣的熊市中，那么我希望这两位股市老手的建议能帮助你保持冷静。他们都明确表示，投资者

第十七章　专业人士如何应对熊市

在股市中赚钱并不需要复杂的策略。

当不可避免的熊市来临时，不必惊慌失措，因为它最终会过去。就像林奇所说，如果你对自己持有的股票了如指掌，那么当它结束时，你还会处于有利位置。

马克·D.库克

马克·D.库克是崩盘和熊市方面的专家。他曾任职于美国一家顶级券商公司——E.F.哈顿。在他任职期间，他深刻感受到了崩盘所带来的破坏性。这家券商公司曾推出一则广告，它引起了广泛关注，"当E.F.哈顿说话时，人们只有倾听的份儿。"

作为奖励，公司在1987年7月将250名顶级券商经纪人带到了曼哈顿。公司刚刚新建了一座漂亮的大楼，库克形容它是"你见过的最富丽堂皇的建筑。"一些经纪人开玩笑说，那是股市的顶峰，事实证明他们是对的。

"让我们想一想这个问题，"库克说道。"在7月，E.F.哈顿还被认为是业内最优秀的公司。然而，到了10月E.F.哈顿就不复存在了！他们从行业巅峰一跃而下，他们的辉煌成为了历史。"

库克指出，实际的股市顶峰已经发生在1987年10月崩盘前的三个月。然而，当时很少有人意识到这一点。一个线索是，债券市场在三四个月前就开始下跌，这导致了股市走低。

这次崩盘的后果是毁灭性的。库克指出："我们从创纪录的高点直接跌入谷底。"在短短 6 周内，股市回吐了过去 18 个月的赢利。

人们需要找一个替罪羊，于是人们将崩盘归咎于计算机交易。

不再恐惧

库克不再害怕熊市，而是学会了从熊市中获利。就像飞进风暴眼的飓风猎人一样，库克期待着下一个熊市的到来。他对熊市的破坏力充满敬畏。

库克表示，大规模的崩盘对任何人都没有好处。他更愿意看到股市的盘整，因为这样他能够赚取最大利润。他指出："我希望股市只做出 10% 或 20% 的回调，然后波动率将会重新回归股市。然而，在大规模崩盘后，刚开始的交易机会之所以很少，是因为波动率较弱。"

库克喜欢看盘，他最喜欢的指标是纽约证券交易所跳动指数（TICK）（该指标比较纽约证券交易所的上涨股票的数量与下跌股票的数量）。

然而，在库克去世之前，他对 2009 年开始的牛市持续之久感到震惊。他对美联储的行动感到失望，他认为美联储利用金融工具人为延长了牛市的时间，超过合理范围。他相信总有一天报应会出现，这将带来灾难性的后果。

以下是我的采访，记录了库克对熊市的看法。

第十七章　专业人士如何应对熊市

您能预测熊市吗?

库克：许多人试图预测下一个熊市，但大多数人都误判了。预测熊市的开始和结束是不可能的。与其进行这种无谓的猜测，还不如制订一个计划，为挺过熊市做好充分的准备。

如果熊市出现，人们应该怎么做?

库克：长期的熊市很难应对。在某个时刻，熊市将提供买入机会。在那之前，请按计划行事。计划包括拥有多样化的投资组合，如果手头有充足的现金就可用于紧急情况和购买新的股票，以及拥有长期的股票或指数基金。

投资者为熊市做好心理准备同样重要。对于那些用保证金借入股票的投资者来说，熊市是最痛苦的。赔光本金的情况已经很糟糕了，更糟糕的是，你还必须偿还欠款。这无异于雪上加霜。

什么是空头陷阱?

库克：股市在下跌，熊市临近尾声，做空者继续做空。然而，股市并没有继续下跌，而是停止了，并且开始逆转上涨。这引诱更多的做空者进一步做空，他们在股市反弹时会遭受巨大损失。这就是空头陷阱。

投资者的平均成本是否应该下降?

库克：这是一个有争议的问题。许多专业人士建议，无论市场表现如何，你都应该坚持采用平均成本法，即在特定时间段（如每个月）内投入固定的金额。使用这种策略，你能以越来越低的价格购入更多的股票。人们希望熊市最终会结束，指数会出现逆转。

如果这种情况发生，你在股市下跌时购买的所有股票就都能变为可观的收益。目前这些指数能够迅速复苏的情况无法得到保证，但盈利的概率很大。

然而，批评者则认为这相当于是在亏本的股票上投钱。他们认为，不能保证以平均成本法购买的股票会恢复。

当我们进入漫长的熊市时，最糟糕的情况（虽然很罕见）就会发生。这时，你继续以越来越低的价格购买股票，股市会持续下跌，直至崩盘。

崩盘时会发生什么？

库克：崩盘通常是一种可怕但短暂的事件，在几天或几周内将股市带到极低点。虽然它们极具破坏性，但这种破坏性是短暂的。历史上最严重的崩盘发生在 2008 年，当时标准普尔 500 指数跌至魔鬼低点 666。它摧毁了人们的生活和信心，很多公司也因此破产。

起初，人们以为这是一个买入的机会，但股市越跌越快、越跌越猛，仿如雪崩。

股市下跌的速度超过任何人的预期，即使逢低买进也会亏损。此时买进的投资者只能坐以待毙，眼睁睁看着他们的资金白白流失。许多人不敢卖出，万一第二天反弹了呢。

崩盘的原因是什么？

库克：目前还没有人知道崩盘的具体原因。只有迹象，但没有确凿证据。只有等到事情发生后，我们才能搞明白这是怎么回事。在崩盘之前，很多人都认为股市是无法战胜的，它是永远不会下跌的。然而，当崩盘发生时，投资者猝不及防地认为股市除了下跌之外别无选择。

举个例子，在1987年和2008年的崩盘期间，股市上涨是虚假的繁荣。最终，股市无法继续上涨。就像没油的汽车一样，股市急转直下。股市如何从不愿抛售变为纷纷抛售，至今仍是一个谜。

股市涨得越高，大幅下跌的可能性就越大。股市下跌的程度可能会超过任何人的想象。当股市达到顶峰时，几乎没有人认为它会下跌。

在股市崩盘时，您会关注什么？

库克：我会关注股市下跌的速度。随着股市的下跌，成交量和波动率都会增加，机会也会增加。在熊市中，你可以获得更高的利润，因为股市下跌的速度是牛市上涨速度的三倍。股市下跌的速度更快，流动性更强。崩盘带来了速度、疯狂、恐慌和混乱。

崩盘后会发生什么？

库克：许多人认为，崩盘后会立即出现买入机会，但实际情况并非如此。崩盘后的任何反弹都很疲软（至少在一开始是这样）。大多数人之所以更愿意看到盘整而不是崩盘，因为股市的内部结构仍然完好无损。随着崩盘的发生，一切都不正常了，人们很难在短时间内恢复足够的信心来购买股票。

在崩盘后最明智的做法是耐心等待。崩盘有可能演变成熊市。人们害怕将自己的退休金赔得一干二净，因此会谨慎行动甚至根本不买入。

在熊市之后，股市可能会在以后的几年里处于低迷期。投资组合需要很长时间才能恢复，甚至可能永远无法恢复。通常情况下，牛市持续的时间越长，熊市持续的时间也会越长。

熊市的原因是什么？

库克： 无人得知，它可能会突然出现。熊市出现之前通常会有一些迹象。当指数暴跌，带走你所有的利润时，熊市就会迅速到来。

投资者在熊市中应该做什么？

库克： 有一点必须强调，熊市并不总是坏事。盘整和熊市都有交易的机会。稍做停顿后，投资者就会蜂拥买入。当熊市到来时，人们往往会陷入非理性的思考和行动当中。这种情况经常发生。

利用这个机会来了解股市的下跌趋势。同时做好准备，熊市结束后，牛市将很快到来。那将是你真正发挥水平的时候。虽然在不断下跌的股市中交易需要时机、技巧和经验，但在不断上涨的股市中交易更为容易。

最后还有其他想法吗？

库克： 如果你购买的是没人想要的东西，那么卖出的是所有人都想要的东西，你永远不会破产。我每天都思考着这句话。这一简单的方法一直引导我的整个职业生涯，然而，我花了很多年才真正理解它。我还意识到，真理总是掌握在少数人手上。在下一个熊市期间,潘多拉的盒子将会被打开。我并非要制造恐慌,而是为了拯救别人的钱袋。

杰西·利弗莫尔的做空策略

熟悉我著作的读者都知道,我从杰西·利弗莫尔身上学到了许多东西。他被认为是历史上最伟大的选股者之一。他才华横溢但并不完美,他的人生跌宕起伏,就像是一部希腊悲剧。

利弗莫尔因在1929年股市崩盘期间成功做空股市而闻名,并在短短一个星期内赚取了超过1亿美元的利润。虽然这是他最伟大的成就,但最后他却以痛苦而告终。

14岁时,他离开了家,在波士顿的佩因·韦伯券商公司找到了一份工作。利弗莫尔能头脑中解决复杂的数学问题,这一点给老板留下了深刻的印象,立即雇用了他。利弗莫尔还拥有惊人的记忆力。

在观察了一段时间的股票走势后,利弗莫尔在15岁时进行了他的第一次股票交易,很快就赚了5美元(在1892年,这是一笔可观的收入)。他还观察了公司最成功的客户是如何赚钱的。没过多久,利弗莫尔就迷上了股市。他把学到的教训记在笔记本上,这是他一生的习惯。

多年后,利弗莫尔用这些笔记出版了一本关于拉里·利文斯顿(虚构)的传记《投机之王回忆录》(*Reminiscences*

of a Stock Operator)。这本书成为当时的畅销书，直到今天仍然受欢迎。利弗莫尔发现的许多经验教训（包括趋势交易）在他那个时代是超前的，也颇有争议。

利弗莫尔20岁时就赚了很多钱。他辞去了工作，成为一名专职股票投机者。他开始在没有监管的投机公司里炒股。这些投机公司不是正规的券商公司，它们更像是博彩。在这些投机公司里，客户定向投注于投机公司自己预订的股票，而不是股市中的股票。

利弗莫尔能准确预测市场的走势，因此他被禁止进入波士顿的所有投机公司。接着，全美所有的投机公司都禁止他入内。投机公司的老板们总在提防那个"拼命三郎"。因此，利弗莫尔经常不得不乔装打扮，潜入一家投机公司进行当日交易。

别人叫他"拼命三郎"，一是因为他外表年轻；二是因为他的策略快狠准：当他确信自己是对的时候，他会将所有资金集中投资于一只股票，从而狠赚一笔，但在这个过程中，投机公司就损失惨重。

一家投机公司的老板（这个老板不喜欢亏钱给顾客）威胁利弗莫尔，因此他再也不去投机公司了。在某种程度上，这是因祸得福。因此，利弗莫尔开始在正规的券商公司进行交易，他调整了自己的策略。他从投机公司转战到纽约证券交易所。

第十七章 专业人士如何应对熊市

才华横溢但并不完美

虽然利弗莫尔是一位天才的股民,但他也犯了许多错误。其中最大的错误:他不知不觉地从交易转入了赌博。这也是他三次破产的原因。他的快狠准策略以及不遵守自己的规则给他带来了最大的痛苦。

幸运的是,每当利弗莫尔破产时,与他打交道的券商公司都愿意为他提供启动资金。他们知道,凭借他的能力,收回亏损的资金是轻而易举的事情。

利弗莫尔从他的教训中认识到,短线交易极其不可预测。有些时候,他非常成功。例如,几天内,他会在一只股票上就赚了 4 万美元。然而几天后,他又输掉了刚刚赚到钱。他常常做空股票,这在当时并非是一个主流策略。

最终,利弗莫尔从一个押注股票小幅波动的当日交易黄牛转变为一个追逐长期趋势的职业股民。

经过多年的研究,利弗莫尔最终掌握了金融市场的交易时机。这些时机有时是凭直觉判断,有时是基于他获取的市场信息判断。他投入了大量时间研究股价,后来这些研究成为他交易策略的基石。

利弗莫尔的交易方法

利弗莫尔认识到,观察整个股市是很重要的,它可以提供股市走向的线索。他表示,研究整体行情是他最重要的发现。此外,他不再像之前一样预测股市下一步的走势,而是开始寻找帮助他决定何时买入或卖出的信号。

利弗莫尔最终建立了一个"基于规则"的交易系统。他常说，只要遵守自己的规则，他就能赚钱。一旦不遵守规则，他就会亏钱。

他还有其他重要的发现。利弗莫尔开始采用一种称为金字塔策略的方法，即在股价上涨时加仓。如果赌赢了，你将大赚一笔。

如果股票继续反弹且利弗莫尔是正确的，那么他可以极大增加他的利润。股价进一步上涨证实了他是对的。因此，利润成倍提高，带来了巨额收益。

在股票创出新高后买入

利弗莫尔还在股票创出新高后买入，这一方法后来被许多成功的投资者和交易员（如尼古拉斯·达瓦斯和威廉·奥尼尔）采用。

利弗莫尔有一个最好的想法：在投资之前进行"试探"。过去，他一次就购买1000股。有时，他预测正确，大赚了一笔，但有时他预测错误，赔了一大笔。现在，他一开始只试探性地买入200股。如果他的预测是正确的，他就将继续追加200股，直到达到1000股的目标。

他在一开始只是试探性地买入少量股票，看看股票是否朝着正确的方向发展。如果初步试探成功，他将追加盈利股票的数量：在股价进一步上涨时增加购买量，而在股价继续下跌时增加做空量。

第十七章 专业人士如何应对熊市

利弗莫尔是如何赚到百万美元的?

利弗莫尔继续采用金字塔和试探策略,这些策略非常有效。1907年10月24日,利弗莫尔用他的策略,在股市暴跌的一天内做空股市,赚了300万美元。

他停止做空的唯一原因是:美国最著名的银行家摩根亲自要求他停止做空,以防止金融崩溃。利弗莫尔告诉别人,他感觉自己是"当天的国王"。这是他最辉煌的时刻,他的名声越来越大,他的钱包也越来越鼓。

最终,利弗莫尔制定了一个追踪股市"大波动"的策略。他发现,如果他能找到龙头股,即上涨趋势强劲的股票,他就能获得可观的利润。他确实做到了,他在20世纪20年代的牛市中狠赚了一笔。

做空1929年的牛市

然而,在1928年后期,利弗莫尔开始相信,股市已经进入过度扩张。10年来,股市一直以惊人的速度上涨。1929年夏天,市场开始横盘,利弗莫尔也试探性地开始做空。当做空初显成效时,他就决定大幅做空。

然而,许多迹象表明,股市正在酝酿危机。首先,当时的龙头股已经停止创造新高,这是一个危险信号,但当时几乎没人知道这一点。

此外,尽管股市还在继续上涨,巴鲁克和肯尼迪等明智的股民正在悄悄卖出自己的股票。事后看来,股市处于极端超买状态,没有足够的买家能推动股市进一步走高。

1929年10月，股市崩盘。在他的试探奏效后，利弗莫尔带着保证金做空了股市，在一周内赚了超过1亿美元。一些人甚至指责他造成了这次崩盘，因为他是少数几个从中赢利的人。数百万股民在股市上失去了一切，大萧条也随之而来。

利弗莫尔的没落

利弗莫尔在1929年大赚了一笔，仅仅5年后，在1934年，他第三次申请破产。他在1929年的股市崩盘中大赚了一笔，但也正是这个事件导致了他的破产。他的这种投资方式类似于将所有赌注都押在红或黑上，这与正确的风险管理方法背道而驰。

失去了全部财产，再加上其他个人问题，利弗莫尔陷入了严重的抑郁状态。1940年，他去最喜欢的酒吧点了一杯酒，然后走进衣帽间，开枪自杀，终年63岁。

利弗莫尔曾经身价百万。然而，据报道，在他去世时，他的总财产不到1万美元。

注意：上面的部分内容收录在我的新书《期权获利策略》(*Make Money Trading Options*, McGraw Hill, 2021)中。

现在，你已经了解专业人士如何应对熊市，是时候翻开新的一页，来探讨卖出策略和战术了。即便买股让人兴奋，但如果你不学习如何卖出股票,你辛苦赚来的利润很快就会化为乌有。

在第六部分,我还会告诉你如何卖出看涨期权,这是一种每月产生收益或现金流的期权策略。即使你现在不打算卖出看涨期权,你也可以了解一下这个策略。

第六部分

卖出股票和期权

这是本书的最后一部分了（时间过得真快！）。在这本书中，你通过技术分析了解了许多不同的买入和卖出信号。最后，我想总结一下各种卖出策略和战术。我希望你能意识到，卖出股票的重要性不亚于买入股票。

我还概括了一种广受欢迎的期权策略，其适用主要对象是买入并持有股票的投资者。这种策略叫卖出看涨期权，适用于保守的投资者，他们想把自己的股票短暂"租"给期权买方。作为"出借"回报，他们将获得现金补偿。

你可能会好奇，为什么股市书籍里会讲到期权策略。原因其实很简单：对于熟悉股市的人来说，这是一种颇具赢利潜力的策略。因此没有必要急于学习这个策略，等到你感兴趣的时候再学它也不晚。

接下来，我们将探讨一些不同的股票卖出策略。

第十八章
卖股的艺术

大多数股民和投资者花很多时间考虑买哪只股票,却不太考虑卖哪只股票。卖股与买股同样重要,而且从很多方面来说,卖股甚至更重要。

买股通常让人愉悦,因为我们期待能够盈利。如果选到了盈利股,我们就更高兴了。然而,在恰当的时间卖出股票却不那么容易。似乎不管何时卖出,你总是抓不到最高价。这种情况让许多股民感到沮丧。

如果你卖出过早,即便已有赢利,但若股价继续上涨,你会因为自己错失了更多利润而感到烦恼。另一方面,如果卖出过晚,目睹原本的赢利瞬间转为亏损,这同样会让人感到愤怒。

没有什么比损失之前的所有收益更让人痛心的了。为此,有的投资者采取"永不卖出"的策略。虽然这种做法在牛市确实有效,但在盘整期或熊市期间亏损是巨大的。

最终,何时卖出完全取决于自己。读完本书后,你会更倾向于运用指标和振荡指标来指导自己卖出股票。这是明智之举。

第十八章 卖股的艺术

我还提供了其他建议,其中一些可能对你有用,而另一些可能不太有用。因此,选择对你最有用的建议,其他的可以不予考虑。

卖出股票

卖出股票或其他证券有两个主要原因。第一,锁住收益。第二,避免损失。现在,让我们探讨一些卖股策略和战术。

三个基本卖出准则

以下是每个人都应该考虑的三个最基本的卖股准则:

1. **采用限价单,而非市价单。** 限价单让你能够控制价格,但无法控制时机。市价单虽然让你能迅速成交,但成交价格可能会不尽如人意。虽然限价单需要的时间更长,但它通常是更佳的选择。

另一方面,使用限价单可能会让你彻底错失卖出机会。当你下达限价单时,股价可能已经发生变动。

2. **千万不要在盘前使用市价单。** 绝对不可以。幸运的是,有些券商会在盘前禁用市价单,这是件好事。因此,开盘后的交易还是交给专业人士吧。

3. **不要急于抛售股票。** 需要"立即卖出股票"的时候少之又少。除非你必须立即止损或在快速变化的市场中锁住利润。通常情况下,头脑一热就卖出股票会让你后悔不已。

现在，我来介绍两个重要的卖股思路。

思路 1：尽快卖出亏损股

管理风险的首要规则是尽快卖出亏损股。每个股民对"亏损"和"尽快"两个词都有不同的理解。例如，当日股民可能会在几分钟内卖出亏损的股票。另一方面，波段股民或头寸股民可能会在一周或一个月后卖出，这具体取决于他们的盈亏目标。无论何时卖出，目的都是及时退出亏损的交易。

此外，市场价格跌到购买价格以下的股票都是亏损股。对我来说，亏损股是指损失了既定百分比的股票。例如，如果股价下跌了 3 到 5 个百分点，你可以割肉以减少损失。而有的人可能会在跌幅达到 7 到 8 个百分点时才会割肉止损。这完全取决于你对股票的预期目标，并没有标准答案。

割肉绝非易事。股民满怀期望地进行交易，当股价下跌时，他们难以承认自己错了。

许多人坚信，只要再坚持一段时间，亏损的股票就能恢复至盈亏平衡点，甚至奇迹般地翻盘。但在现实中，亏损的股票往往会继续下跌。尽管这样，不少投资者依然难以割舍他们所钟爱的股票（还记得戴维他们对 Athenex 的痴迷吗？）。

不妨在墙上或电脑旁贴张提示条，写上"割掉亏损股票"。虽然有时亏损股可能会扭亏为盈，但这种情况很罕见。如果你们有更好的卖股策略，请告诉我。在那之前，让我们及时止损，卖掉那些亏损股吧！

思路 2：设置止损价或百分比

这是最基本，也是最重要的卖股策略。买股之前，你就要知道什么时候卖出。买股后要用止损单。每个股民可以设置自己的止损价或止损百分比。

如前所述，合理的做法是将损失控制在 7% 至 8% 以内。由于每笔交易各有不同，卖出时需灵活。

你可以设定一个心理止损价或强行止损价（我们将在本章末尾讨论）。核心原则非常简单：确定一个适合你的百分比或金额作为止损价。这样做能有效避免小额亏损演变成大额损失。

当股价下跌时，你不应该祈祷，而是应该问自己：为什么我还要以这个价格持有这只股票？你应该在预设的价格上止损，并将资金转投其他领域。

底线： 遵循这一规则可以避免严重的损失。问题在于：我们常常不太理智，总是怀抱希望，这种情绪使我们无法在股价触及止损价时及时抛售。

须适时打破规则

交易既是科学，也是艺术，缘由之一就是例外情况经常发生。前面讲了如何以预定价格迅速卖出亏损股票。但有时，尤其是股市开盘之际，这种做法可能并不适宜。

例如，某天早晨醒来，你发现你的股票在盘前下跌了10%。这可能是因为公司的业绩未达预期，或者是因为传出了不利消息。等到开盘时，你股票的跌幅已达12%及以上。这种情况在全球一些顶尖的公司中也经常发生。

当一家实力雄厚公司的股价下跌时，你无须惊慌失措。这可能只是一时的波动，耐心等待是更明智的做法。这时，你需要暂时搁置止损规则。

优秀公司的股价大概率会恢复到以前的水平。在很多情况下，这取决于抛售的具体原因。有时，股票需要相当长的时间才能回升。

你现在不应该慌忙卖出，而应该是查看你的计划。你制定了应急计划吗？如果还没有，那么现在该制定一个计划，以应对股票下跌。

底线：在大多数情况下，止损和割肉是明智的选择。有时候，我们应该再等待一段时间，哪怕几天，观察股票的表现。

读到这里，我希望你能像思考何时买股一样思考何时卖股。以下想法应该能助你迈出第一步。

第十八章 卖股的艺术

制定卖股计划

卖股或交易计划是一套明确的操作规则。如果你没有计划，特别是在股市波动时，你只能随波逐流，这通常会导致交易的随意性。计划就像是导航地图，能够在股民情绪紧张时指引他们做出正确的选择。

你可以制定一个<u>止盈</u>计划和<u>止损</u>计划。在买股前，预先想好何时<u>止盈</u>和<u>止损</u>。

你可以使用技术分析章节中提及的众多卖出信号，也可以自己设定一个目标，例如，你分析得出 20% 的利润已是最佳预期。在这种情况下，把它定为目标，在股价接近这个目标时就卖出。

因此你有众多选择。关键在于制定一个坚定的卖股策略，在买股的那一刻起，做好随时执行这个策略的准备。

提示：通过你的交易软件设定警报，达到指定价格时自动卖出。自动强行止损功能可以省去决策环节，强制卖出金融产品。

遗憾的是，股市没有"重来"的机会。一旦你犯了错误，钱就真的消失了。因此，在卖股之后，不要总是去想"如果没有卖出的话，我本可以赚多少钱"。

你唯一能做的，就是从错误中吸取教训，争取下一次做得更好。作为股民，越早接受损失越好。把这种痛楚转化为力量，成长为一个更具洞察力的股民。

有些股民不能接受失败，对股票产生报复心理。切勿陷入情绪的泥潭。如果你亏损了，那就及时止损，转而寻找下一次交易机会。股市中的机会多如繁星。

现在，我们不妨探讨一些有助于管理股票的具体卖股策略。

策略 1: 股票超买时，减仓

当你的股票不断上涨时，做出卖出的决定并非易事。如果你已经获得了可观的利润，逐步减仓（减半或减 1/4）就是更明智的选择。关键是要适时落袋为安。当然，如果股价持续攀升，那么你将错失更多的盈利机会。但如果股价下跌，原本可观的利润也会化为乌有。遗憾的是，没有人能准确预知哪些股票会持续走高，哪些会逆转下跌。

俗话说，"宁可安全，不可后悔。"不可贪婪，在股票或指数严重超买时减仓。

你之前已经了解如何逐步加仓，逐步减仓也是如此。例如，你手中有 1000 股，你可以每次卖出 250 股。如果你想卖出 500 股，那就卖出 500 股。这种分批卖出会比一次性的慌忙卖出更为明智。

过去，采用这种策略需要支付高额的佣金，现在情况不同了。你可以按照自己的意愿逐步减仓，现在几乎所有的券商公司都不收取佣金了。

策略2：卖出一半（或全部）股票

这个策略与逐步减仓类似，但操作更为简单。首先，卖掉一半股票，随后再卖掉剩余的一半。这么做的原因可能是股价迅速下跌，你希望迅速减少损失；或者股价在开盘时突飞猛涨，你想要锁住部分利润，同时让剩余的股票继续增值。因此，在这两种情况下，卖出一半股票都是一个明智的选择。

> **注意**：我发现，对于亏损股票，最佳的做法是清仓。而对于赢利股票，卖出一半往往更为明智。这背后的理念是：赢利股往往会持续赢利，而亏损股则频频亏损。记住金融家和交易员伯纳德·巴鲁克的至理名言："在炒股时，我多次在股票还在上涨时就卖出，这正是我能保持财富的一个主要原因。"

策略3：一旦犯错误立即卖出

新股一开盘就立刻亏损确实让人心烦。可能是你进场的时机不佳，或者交易指令执行有误。亏损之快，让人束手无策，但这并不代表你一定犯了错误。

有时，股市会与你的指标背道而驰，这也是交易的一部分。你要明白，这些指标并非百分百准确。当一笔交易亏损时，不必总是自责。你要做的是妥善管理你的交易。

如果指标依然显示"做多"的信号，那就继续持有。而对于亏损的交易，你就应立刻果断卖出，哪怕是在当天卖出。迅速止损总比被迫持仓好。

底线：迅速摆脱不利的交易并无不妥，这是交易不可或缺的一环。改日再战。

策略4：将部分利润转投风险较低的产品

前面我讲到，杰西·利弗莫尔在1929年崩盘期间在短短一周内赚取超过1亿美元。他后来继续采取加倍押注和押注市场暴跌等高风险策略进行投机。不幸的是，五年内，他的所有资金全部化为乌有。他最大的遗憾是，没有把部分收益兑现或转投到收益固定的证券中。

同样的事情发生在我一个年岁较大的邻居身上。他在一只股票上赚了80多万美元。他并没有卖出股票来偿还贷款或存入银行，而是继续持有这些股票。

在熊市期间，他的股票暴跌，他损失了大部分资金，并且因无力偿还贷款而失去了房子。我曾经提醒他，不要把太多资金投入一只股票中，但他对我的劝告置之不理，他说："我很清楚自己在做什么。"

这里提个建议：从他人的错误中吸取教训。定期落袋为安，以备不时之需。这并不是说你要卖掉全部股票，但你可以考虑卖出一部分股票，把这部分收益转移到更安全的地方。

策略 5：及早卖出

历史上一些最杰出的投资者宣称，他们总是及早卖出股票。逆向投资大师内森·罗思柴尔德（Nathan Rothschild）在被问及成功的秘诀时回答："我从不在最低点买入，而且总是及早卖出。"

另外，当被问及致富之道时，投资者伯纳德·巴鲁克幽默地回答："我是通过及早卖出赚到钱的。"

虽然及早卖出违背了投资课程中教授的所有原则，但坚持这一做法有助于降低情绪（特别是恐惧和贪婪）对交易的影响。的确，及早卖出并非易事，尤其是当利润可观时。然而，没有人知道何时卖出才算及早。

与其试图从交易中榨取每分每厘，不如在合适的价格卖出，锁住一笔可观的利润。这种策略也有助于降低股市风险。罗思柴尔德的规则是：为了减少风险，你必须舍弃一部分潜在利润。

这些建议并不代表最终答案。随着交易次数的增加，你会逐渐掌握卖出的时机。遗憾的是，股票市场永远不存在所谓的"最佳"时机，是因为我们总觉得本可以赚更多。

止损单和定时卖出

在这个部分,我回顾了两种卖出股票或其他证券的方法。一种是传统的止损方法,另一种方法你可能没有听说过(除非你读过我的其他书)。

止损单:避免大幅亏损

有多种方式可以保护你的投资组合,防止个别或多只股票走势不佳。一些股民采用心理止损单,即在心中设定一个目标价位,股价触及该价位时便卖出。还有些人会设置提醒系统,在股价达到目标价位时提醒他们。

这两种方法都是不错的选择,但你常常会忽视这些预警信号。因此,强行止损单便更为妥当。它是一种指令,在股票交易价格触及或跌破特定水平时自动卖出。你可以设定一个固定金额或是投资总额的一个百分比(如股价的7%)作为止损点,这表示你愿意承受的最大亏损额。

止损单设置完成后,一旦止损单被触发,以下两种情况将会出现:如果止损单是市价单,就将自动按最优可得价格成交;如果止损单是限价单,那么止损单将被激活,但不一定成交。

我必须要强调一点:买股后立刻设定卖出价格是非常重要的。无论是强行止损还是心理止损,你都必须设置止损单。

第十八章 卖股的艺术

底线：无论何时买股，你都应在交易计划中设定一个明确的卖出价格，切勿在没有清晰计划的情况下贸然进入股市。

警告：股市剧烈波动期间，若股价跳空下跌，下一个可成交的市场价会比最近的成交价低许多个点。这是采用强行止损单的一个问题。

定时卖出：根据日期卖出

定时卖出是一种实用却常被忽视的策略，用于减少损失或锁住收益。买股后，你应设定一个无论盈亏都会执行的卖出时间点。例如，购入 100 股后，你就要明确你打算在哪个时间卖出。

这个决策取决于你的交易策略。显然，当日股民会设定一个当日的止损时间，而长线股民可能会选择一周、一个月甚至更长的周期。例如，有的周线股民可能会选择在每周星期五卖出。

现在，你已经对何时卖股有了深入的了解，下一章将教你如何卖出看涨期权。这是一种保守的期权策略，能够为你带来收益或现金流。它适合那些希望通过自己持有的股票来获取额外收入的投资者。

第十九章
卖出看涨期权

你可能会问,为何一本关于股市的书籍会讲述期权。其实原因非常直接:当你掌握了股市相关知识后,你可能希望通过将手中的股票"租"给他人,以获得额外的收益或现金流。

因此,在本书中,我决定介绍一种保守的期权策略——卖出看涨期权。[另一个原因是:我曾写了一本书《走进期权》(*Understanding Options*),它十分畅销,我想要分享其中的一种最优策略。]

如果你目前正专注于研究股市,不打算了解期权,你就可以略过这一章,等以后有兴趣了再看。如果你对卖出自己持有股票的期权感兴趣,那么请继续读下去。你将步入一个充满全新术语的不同领域。

注意:本章只是简要介绍了如何卖出看涨期权。

为什么要交易期权

如果你曾听闻期权过于冒险,仅适合投机者,那么我要给

第十九章 卖出看涨期权

你带来一个惊喜。的确,许多期权策略带有投机性质,但本章将介绍的策略是专为投资者设计的。我相信你会喜欢这个两全其美的策略——卖出期权。

以下是买入或卖出期权的四个主要原因:

- 增加收入
- 保护股票投资组合
- 对冲股市风险
- 投机

在本章,我将介绍如何通过卖出看涨期权来增加收益。采用这个策略,你能卖出持有股票的期权,以此创造收益或现金流。

卖出看涨期权

卖出看涨期权有两个原因:

1. 对于你持有的股票而言,这可以增加收益或现金流。
2. 卖出你投资组合中不再想持有的股票。

采用这一策略,你实际上是将自己持有的股票"租"给期权买方。作为交换,买方需支付一笔费用(即权利金),以换取按预定价格(即行权价)购买你股票的权利。这笔权利金就是因放弃对股票的控制而获得的资金。

注意:上段包含的专业术语将在本章中进行详尽解释。

卖出看涨期权的风险在于：你的标的股票价格下跌的幅度超过收取的权利金。虽然有这样的风险，但对于期权市场的新手来说，卖出看涨期权仍值得尝试。

学习期权词汇

在许多方面，学习期权就像掌握一门新语言。起初你可能觉得有些迷茫，但只要熟悉特有的术语并完成了首次交易，一切就会变得顺利起来。

以下是期权的术语，将有助于你理解期权的运作机制：

- 股票期权是一种合约，授予持有者买卖股票的权利。每份股票期权都对应特定的股票——标的股票。期权常被称作衍生产品，是因为它的价值来源于另一个金融工具（这里为特定的股票）。
- 期权分为两种类型：看涨期权和看跌期权。看涨期权授予持有者购买股票的权利（看涨策略）；看跌期权授予持有者卖出股票的权利（看跌策略）。即便许多期权策略听起来很复杂，但所有这些策略都是基于买入和卖出看涨期权与看跌期权的。
- 本章仅讨论卖出看涨期权。
- 当你卖出看涨期权时，预先收取的权利金归你所有。这正是该策略吸引人的主要原因，也是学习这一策略的原因。
- 每个看涨期权代表了购买 100 股的权利。因此，5 个期

第十九章 卖出看涨期权

权合约相当于 500 股。如果你手中持有 200 股,你可以卖出 1 到 2 个看涨期权合约。

- 期权具有到期日。一到合约中规定的日期和时间,期权就到期。期权到期后,要么变为股票,要么完全失去价值。在卖出期权时,时间对卖方而言是一个有利因素。期权买方担心,到期日会损失全部资金,期权卖方却欢迎到期日到来。在到期日,期权卖方将迎来两个有利情况:其一,期权变得毫无价值,期权卖方可以保留他们的股票(假设他们的策略是卖出看涨期权);其二,他们可以按照行权价卖出股票,锁住利润。
- 行权价是看涨期权持有者能够买入或看跌期权持有者能够卖出标的股票的固定价格。如果你难以理解,请看本章后面的实例。
- 卖出看涨期权通常被视为一种较为保守的期权交易策略,其风险小于买入看涨期权和看跌期权。这并不代表风险完全不存在,但期权卖方的亏损通常低于期权投机者。

如何卖出看涨期权

现在,你已经掌握了看涨期权卖方使用的基本术语。下面,让我们详细了解如何卖出看涨期权。前面讲到,当你卖出看涨期权时,你会收到现金(权利金)。

作为交换,你必须卖出你的股票。例如,在限定时间内

（期权到期前），按照既定的价格（行权价）卖出一份看涨期权或者 100 股你持有的股票。无论股价怎样波动，你都能保留权利金。

假如你是初次接触期权，请继续往后读，你就会渐渐了解期权交易。在开始交易之前，你需要充分理解这些概念，这是需要花费时间的。下面的例子应该对你有所帮助。

卖出你的第一个看涨期权

6 月 17 日，你持有 100 股 ZYX 公司的股票，目前股价为每股 34 美元。登录券商账户查看期权链，这是一个包含当前买入价、卖出价、到期日及行权价的可交易看涨和看跌期权列表。

仔细研究期权链后，你决定卖出 1 份看涨期权合约（1 份合约等于 100 股），该合约的到期日为 7 月 18 日（即一个月后）。你挑选的行权价是 35 美元。这意味着看涨期权的持有者有权以每股 35 美元的价格购买你的股票。这项权利将在到期日当天（即 7 月 18 日）失效。

股价无论涨得多高或跌得多低，你必须按照每股 35 美元的价格卖出。哪怕股价上涨至 40 美元，你也只能按 35 美元的行权价卖出。

注意：仅当期权持有者决定行使期权购买股票时，你才需按行权价卖出股票。

第十九章 卖出看涨期权

如果在到期日股价低于 35 美元，看涨期权持有者就不会选择购买你的股票（行使期权），你可以保留股票以及权利金。

观察 ZYX 在 7 月 18 日的看涨期权的买入价和卖出价，买入价为每股 2.40 美元。因此，预计每卖出一份看涨期权至少可获得 240 美元的收入。

注意：如果你拥有 200 股，那么卖出 2 份看涨期权的权利金（你收到的现金）为 480 美元。如果你拥有 500 股，那么卖出 5 份看涨期权的权利金为 1200 美元。

卖出看涨期权后，你必须继续持有标的股票（ZYX 股票）直到 7 月 18 日期权过期。这是个公平的交易。在上述例子中，你收到了 240 美元的权利金，并有义务以 35 美元的价格卖出这些股票。

卖出看涨期权可能会出现什么问题？首先，如果 ZYX 的价格下跌超过权利金，你会亏损。其次，你无法获得超过行权价的收益。无论 ZYX 涨到多高，你都必须以每股 35 美元的价格出售 ZYX 股票。如果你认为自己持有的股票将大幅上涨，你就不要卖出看涨期权。

对于看涨期权的卖方而言，最理想的股市行情是：横盘或小幅上涨。在横盘股市中，股价不太可能大幅上扬，这正是投资者喜欢卖出看涨期权的原因。

提示：寻找理想的看涨期权股票。一只表现稳定或略显看涨的股票是不错的选择。在熊市或股价下跌时卖出看涨期权是非常不理想的情况。

如果你还不确定如何卖出看涨期权

我以前是一名教师，我深知学习一个新策略需要时间。我依然记得自己初次学习这一策略时遇到的困难。正因如此，我在书中增加了很多实例，以帮助你深入地理解这一策略。

注意：如果你已经知道如何卖出看涨期权，你就可跳过下面部分。

深入探索

卖出看涨期权的目的是：在降低持股风险的同时获得收入。当股价下跌时，通过收取的权利金可以减轻部分损失。虽然你也可以用你的退休金或养老保险金来交易期权。但在用这些账户前，请先咨询税务顾问。另外，在实施任何期权策略前，你需要先获得券商授予的期权交易权限。

如前所述，期权交易存在两大潜在风险：首先，股票价格可能会急剧下跌，这是持股所面临的风险；其次，高于行权价的潜在收益都归期权持有者所有，而非你本人。

第十九章 卖出看涨期权

当你卖出一份看涨期权时，你必须持有标的股票的股份。然后你将这些股份的"购买权"在期权到期前以约定的价格（即行权价）卖给他人。行权价是合约规定的，无论股市如何波动，都会保持不变。

注意：如果你拥有标的股票，该期权就是看涨期权。如果你没有拥有标的股票，该期权就是裸期权或未看涨期权，这不适合新手操作。

为何有人想要卖出股票的持有权呢？因为这样他们可以得到现金。对一些人而言，获得这份额外的收入是非常诱人的，他们甚至愿意为此放弃巨额的潜在利润。

例1：卖出看涨期权

假设在二月份，你拥有100股XYZ公司的股票，每股价格为40美元。你决定卖出一份看涨期权。

行权价

作为期权卖方，你同意按照约定的价格（行权价）出售你的100股。在期权链中，你会发现各种各样的行权价。你所选的行权价将决定你卖出期权时能收取多少的权利金。对于看涨期权来说，行权价越高，权利金就越少。

这表明，行权价为 35 美元的期权始终比行权价为 37 美元的期权更贵。原因何在？每股支付 35 美元的权利比每股支付 37 美元的权利更有价值。底线是：行权价越低，购买看涨期权的成本就越高。

到期日

除了确定最佳行权价，你还要选定一个到期日，即到期月份的第 3 个星期五。假如你在二月份选择了在五月到期，那么在五月的第 3 个星期五，该期权便会到期。

在到期日，你有两个选择：要么以行权价强行卖出股票，要么保留股票。由于一些人不愿意长期持有股票，他们选的到期日可能就是一两个月后。

提示：到期日越远，期权越有价值。这是因为更长的时间使标的股票有更多机会超过行权价。

注意：有经验的投资者能挑选出适合自己的行权价和到期日。作为新手期权投资者，请仔细考虑你愿意以什么价格卖出股票，以及多少权利金才能产生你可以接受的回报。

例 2：卖出看涨期权

今天是 1 月 15 日，你拥有 100 股 XYZ 公司的股票，每股

第十九章 卖出看涨期权

价格为 50 美元。你决定以 52 美元的行权价,在到期日 2 月 20 日卖出一份看涨期权,该期权的买入价为 1.25 美元。

如果你希望通过电话进行此次交易,那么请对券商说:"我想以 1.25 美元的限价在 2 月 20 日当天卖出一份行权价是 52 美元的 ZYX 看涨期权。"

如果你以 1.25 美元的价格卖出,你收取的权利金就为 125 美元(100 股 × 1.25 美元)。

提示:始终使用限价单,不要用市价单。

我们来分析一下这笔交易可能出现哪些问题。

- **情景 1**:在到期日,标的股票 ZYX 的价格高于 52 美元的行权价。

若在到期日,标的股票的价格超过行权价,哪怕只超出一分钱,你的股票都将被"赎回"(股票将从你账户中被划走,并按行权价成交)。按照期权合约规定,你必须按照 52 美元的价格卖出 100 股,该交易将在 2 月 20 日执行。

有些人每个月都会卖出看涨期权来获取现金收益。如果你采用这个策略,那么你必须计划好在未来的某一个时间卖出持有的股票。如果你持有的股票被"赎回",你可以回购这些股票,并卖出另一份看涨期权。

对于卖出看涨期权策略,有人批评它限制了盈利空间。也就是说,如果 ZYX 股价突然飙升至每股 57 美元,那么你必须仍以 52 美元的行权价卖出。超过行权价的盈利部分与你无关。如果你期望获得巨额回报，卖出看涨期权并不是一个最理想的策略。

益处：你将保留权利金、行权价以内的股票收益，以及股息。

风险：你得放弃高于行权价的潜在收益。同时，在到期日前，你无法卖出这些股票。

注意：如果股票在到期时的价格低于 48.75 美元（当前股价减去权利金后的价格），你就会亏损。然而，你将获得 125 美元的权利金，比起没有卖出看涨期权的股民，这笔收入还是够好的了。

- **情景 2**：在到期日，标的股票的价格低于行权价。

若在到期日，标的股票的价格低于 52 美元的行权价，那么该期权将未被行权，并变得一文不值。你将保留股票和权利金。如前所述，如果你愿意，你就可以随时再次卖出另一份看涨期权。

有些人希望股价下跌，这样他们既能保留股份又能获得权利金，但要当心自己的期许。举例来说，ZYX 股票下跌至每股 45 美元，虽然 125 美元的权利金可以减轻你的损失，但你仍然会亏损 375 美元（500 美元的损失减去 125 美元的权利金）。

益处：你可以保留权利金。如果股价高于 48.75 美元，那么你会盈利。

风险：若股价跌至 48.75 美元以下，你会亏损。

● **情景 3**：在到期日，标的股票的价格接近行权价。

有人可能认为，这是卖出看涨期权的最理想结果。如果到期时，标的股票的价格略低于行权价，你既能保留权利金，又能继续持有股票。随后，你可以在下一个月卖出看涨期权，以此获取额外收益。

益处：你继续持有股票和权利金，并可以继续卖出同一只股票的看涨期权。

风险：如果股票下跌超过权利金，那么你会亏损。

注意：有些投资者会先卖出不想持有的股票的看涨期权。如果这一策略奏效，股票就将以行权价被赎回。你既保留了权利金，又卖出了不想要的股票。

如果你想卖出看涨期权

如何卖出看涨期权值得学习。在你完全了解在股市盈利的诀窍之后，不妨了解如何卖出看涨期权。

就像其他投资一样，只要你选对了股票，而且整个股市环境有利（略微看涨或相对稳定），这就是一种理想的策略。对众多投资者而言，通过卖出股票的看涨期权来获取现金收益是极佳的选择。这确实是一项值得考虑的策略。

我们已经接近尾声。在接下来的一节里,我将会总结全书,告诉你可以做什么。下一部分包括进一步学习的资源以及所有关键指标和振荡指标的术语表。

结语
现在你可以做什么

恭喜你读完了本书！感谢你抽出时间阅读各种股市策略和战术。希望你能学到一些既能降低风险又能增加利润的方法。

你学会了用技术指标和振荡指标来分析股市。这是交易科学的一面，对你的成功至关重要。

你了解了如何应对盘整、崩盘或熊市。你肯定会经历其中的一种情况（或许三种都会）。为最坏的情况做好准备是非常必要的。

贯穿本书的一个核心主题就是自律。也就是说，你必须制定一系列规则和标准，并严格执行。不管你的交易技术多么高超，如果缺乏自律，你将很难盈利。

提升自律的一个方法是写交易日志。详细记录你的每笔交易以及所有的失误。犯错在所难免。你的目标是：避免犯同样的错误。

我还想提醒你，不要把所有的鸡蛋放进同一个篮子里。你应该投资多种金融产品，如股票、指数基金、黄金、债券，甚至数字货币。同时，保持一定量的现金储备也是至关重要的，以便不时之需或买入降价的股票。

如果你目前没有足够的资金进行分散投资，也无须急躁。有多大能力办多大事儿。等你收入增长，逐步积累起财富后，再慢慢分散你的投资。

不要急于赚钱，股市赚钱需耐心。目前，尽最大努力做到最好，其他一切都会水到渠成。我说过，股市成功的秘诀在于找到降低风险的策略。你要使用心理止损或强行止损，不要在有问题的投资上下大赌注。

忠言逆耳利于行。这些教训都源于我个人以及那些因不重视风险而蒙受损失的人的痛苦经历。降低风险始终是你的首要任务，其次才是提高收益。

众多股民对利润采取放任的态度。有朝一日，只有资金荡然无存，他们才会大吃一惊。为了避免此类情况，请尽全力守护你的收益。

真诚的建议

我知道，你迫不及待地想要开始交易。不过在此之前，我想先跟你分享一些建议，这些建议仅供参考。你可以根据自己的情况决定是否采纳这些建议。这些建议来源于我在股市中的成败经验。

- **购买指数基金**。对于新手来说，购买指数基金是最简单的入门方式。我在每本书中都推荐这个方法，因为它真的有效。你可以进行短线交易，同时也可以将一部分资金投入到一个长期持有的指数基金中。不要轻易动用这部分资金。

- **投资养老保险和个人退休账户。**你受雇的公司可能有养老保险计划或股票购买计划。这些递延纳税的金融产品是长期积累财富的极佳途径。如果你公司有这样的计划，那么务必抓住机会，有的雇主还会根据你的年度供款金额为你的养老保险计划贡献一定金额。若离职，你可将原账户转为个人退休账户，或转入新雇主的养老保险计划（如有）。因为规则可能会有所变动，所以使用这些产品前，先咨询税务顾问或会计师。

- **购买个股或交易所交易基金。**读完本书后，你可以去买股票或交易所交易基金了。选购股票时，挑选那些拥有热门产品或服务、众多忠实客户、精明的管理层和优秀客服的公司，通常不会出错。持有股票是积累财富的极佳途径，然而在选股时必须谨慎。本书提供了很多关于如何寻找盈利股的建议。去书中找到它们吧。

- **交易前先练习。**我鼓励使用模拟账户进行交易练习。这是一种极佳的方法，既能提升你的交易技能，又能丰富你的知识储备。你还可以用模拟账户筛选盈利股。

- **盈利。**要想在股市上盈利，你需要具备良好的心态、技术工具、自律，以及把握良机的能力。无论年龄大小，成功都是可能的。我希望这本书能助你一臂之力，但如何运用所学知识在股市中赚钱，还是取决于你自己。我相信你有这个能力。

该说再见了

在本书结束前,我想分享一封我祖父的信,他曾是芝加哥一家股票券商公司的创始人(信中附带了一篇《华尔街日报》的文章,提供了相似的建议)。这封信包含以下财务建议,列出的目标今天仍有价值,然而对大多数人来说,这些目标并不容易实现。

1. 还清所有的债务。

2. 债务还清后,一定不要把钱花在有风险的金融投资上。

3. 大多数人仅能勉强维持生计,有95%的人难以维持和获取财富。这并不是给你泼冷水,而是提醒你,鼓励你更加努力,争取成为那5%中的一员。

4. 随时做好赡养父母的准备。

5. 你渴望有足够的钱能帮助那些受苦受难的穷人。

6. 成功的关键在于:诚信、勤勉,以及正确率超过55%。这也说明了分散风险的重要性,以免一个错误就让你的资产全部清零。

7. 永远不要因帮助他人而签署本票。

8. 永远不要为了讨好朋友而买小公司的股票。买进容易,卖出难。

9. 除非在特殊情况下(如朋友有难),不要轻易借钱。

结语 现在你可以做什么

10. 只有栽过跟头，才能给你留下深刻的印象，并促使你遵循上述规则。

谈及经验，我深知最佳的投资无疑是投资于人。将钱用于教育、购房、创业、孩子、宠物或那些急需你援助的人，这样的选择绝不会错。毕竟，如果赚钱不是为了提升自己或他人的生活质量，那又何必劳心劳力呢？

学习这么多关于股市的知识可能会让你应接不暇，如果你有这种感觉，那么不必担心，随着经验的积累，这种感觉会自然消散。本书为你提供了一套扎实的入门基础知识，虽然介绍了短线交易和投资，但还有更多内容等待你去学习。

祝你投资顺风顺水，再次感谢你阅读本书。总有一只盈利股藏在某个角落，而你的任务就是发现它。能够与你分享我的知识与经验，我感到非常荣幸，也希望你所有的发财梦都能实现。

若你对本书有任何评价或疑问，欢迎随时通过邮件与我联系。同时，如果你发现书中有任何错误，也请告知我，以便我在下一版进行修正。最后，欢迎访问我的个人网站。

资源

如果你想进一步研究，你可以访问网站和阅读有关股市的书籍，下面的资源应该会有所帮助。

适合新手投资者的书籍

彼得·林奇和约翰·罗思柴尔德（John Rothchild）合著的《彼得·林奇的成功投资》，2000年由西蒙与舒斯特（Simon & Schuster）出版社出版。本书探讨了如何利用长线投资在股市中获利，包括买股前进行基础研究。

约翰·博格尔所著的《投资常识》（*The Little Book of Common Sense Investing*），2017年由威利（Wiley）出版社出版。博格尔在书中探讨了指数基金的优势，每位投资者都应该将其作为投资对象。

适合新手股民的书籍

埃德文·拉菲尔（Edwin Lafèvre）所著的《投机之王回忆录》（*Reminiscences of a Stock Operator*），2017年由威利（Wiley）出版社出版，这是一部经典之作，讲述了20世纪初传奇股民杰西·利弗莫尔（Jesse Livermore）的炒股生涯。

托尼·特纳（Toni Turner）所著的《短期交易新手指南》（*A Beginner's Guide to Short-Term Trading*），2008年由亚当斯传媒（Adams Media）出版社出版。这本书针对短期交易新手而写，内容浅显易懂，涵盖了实用的交易策略和工具。

亚历山大·埃尔德（Alexander Elder）所著的《以交易为生》（*Trading for a Living*），2014年由威利出版社出版。本书探讨如何应对股市的心理挑战及运用技术指标。

杰克·D.施瓦格（Jack D. Schwager）所著的《金融怪杰》（*Market Wizards*），2012年由威利出版社出版，以及《新金融怪杰》（*The New Market Wizards*），2008年由哈珀商业（Harper Business）出版社出版。施瓦格在这两本书中通过问答访谈的方式，深入剖析了成功股民的思维模式。

尼古拉斯·达瓦斯（Nicolas Darvas）所著的《我如何在股市赚了200万》（*How I Made $2 000 000 in the Stock Market*），2018年由马蒂诺（Martino Fine Books）出版社出版。这本经典之作讲述了一个股市新手在牛市中运用支撑位和压力位以及金字塔策略迅速积累财富的故事。

汤姆·鲁比森（Tom Rubython）所著的《杰西·利弗莫尔：豪赌小子》（*Jesse Livermore: Boy Plunger*），2015年由默特儿出版社（Myrtle）出版。作者深入探讨了传奇做空者杰西·利弗莫尔的生平和交易策略。

威廉·欧奈尔（William O'Neil）所著的《笑傲股市》（*How to Make Money in Stocks*），2009年由麦格劳·希尔

（McGraw Hill）公司出版。本书介绍了CANSLIM投资法则，该法则专注于一套基于规则的系统化策略，运用技术分析和基本面分析来实现盈利。

安德鲁·阿齐兹（Andrew Aziz）所著的《如何成为全职股民》（*How to Day Trade for a Living*），2021年由曼珠（Manjul）出版社出版。本书旨在指导新手当日股民成为全职当日股民。

马克·道格拉斯（Mark Douglas）所著的《在状态中交易》（*Trading in the Zone*），2021年由普林帝斯霍尔（Prentice Hall）出版社出版。该书探讨了如何应对短线交易的心理挑战。

适合资深投资者的书籍

本杰明·格雷厄姆（Benjamin Graham）所著的《聪明的投资者》（*The Intelligent Investor*），2006年由哈珀商业（Harper Business）出版社出版。这本书是价值投资者的经典书籍，介绍了如何分析基本面来评估公司及其股票的投资价值。

适合资深股民的书籍

罗伯特·D.爱德华兹（Robert D. Edwards）和约翰·马吉（John Magee）所著的《股票趋势的技术分析》（*Technical Analysis of Stock Trends*），2011年由马蒂诺（Martino Fine Books）出版社出版。这本经典著作向股民介绍了技术分析的各个方面，包括指标、振荡指标和图表形态。

约翰·墨菲（John Murphy）所著的《金融市场的技术分

析》(*Technical Analysis of the Financial Markets*），1999 年由纽约金融学院出版社（New York Institute of Finance）出版。墨菲通过 400 余张图详尽阐释了技术分析的所有方面。

史蒂夫·尼森（Steve Nison）所著的《日本蜡烛图技术》(*Japanese Candlestick Charting Techniques*），2001 年由普林帝斯霍尔（Prentice Hall）出版社出版，尼森因将蜡烛图技术引入西方而广受好评。在书中，他阐述了如何运用蜡烛图进行交易。

罗伯特·罗斯（Robert Ross）所著的《高风险、高回报投资入门指南》(*A Beginner's Guide to High-Risk, High-Reward Investing*），2022 年由亚当斯传媒（Adams Media）出版社出版。该书详细介绍了众多投机性的投资理念，并为每种策略提供了详尽的分步指导，同时辅以他个人的故事作为实践案例。

投资俱乐部和协会

如果你有意加入一个投资俱乐部，或是打算创建一个属于自己的俱乐部，非盈利组织全国投资俱乐部协会能够帮助你。想了解更多会员信息，请浏览全国投资俱乐部协会官方网站。

指标术语表

技术指标有上百种，以下列出的是在众多券商软件中最为常见的一些指标及其定义。

累积派发线（Accumulation Distribution Line, ADL）是一种累积指标，用于评估有多少资金流入和流出股票。

平均动向指数（Average Directional Index, ADX）判断当前趋势的强度。

真实波幅均值（Average True Range, ATR）是真实波动范围（每日最高价与最低价之间的差值）的简单移动平均数，是衡量个股波动率的一种方法。

布林线宽度（Bollinger Band Width）是从布林线衍生的指标之一，另一个是 %B。

布林线（Bollinger Bands）使用高于和低于 20 日移动平均线两个标准差的线来衡量波动率的扩大和收缩。

芝加哥期权交易所纳斯达克市场波动率指数（CBOE Nasdaq Market Volatility, VXN）通过纳斯达克 100 指数期权价格的隐含波动率来衡量纳斯达克市场的波动率。

芝加哥期权交易所波动率指数（CBOE Volatility Index, VIX）通过标准普尔 500 股票指数期权的隐含波动率来衡量标准普尔500指数的500只股票的波动率。

蔡金资金流指标（Chaikin Money Flow, CMF）用于确定个股是否面临累积（买入）或派发（卖出）压力。

钱德动量摆动指标（Chande Momentum Oscillator）用于判断股票是否超卖或超买。

商品通道指数（Commodity Channel Index, CCI）是一个振荡指标，用于判断股票是否超买或超卖。除此之外，它还可以识别商品的周期性变化。

指数平均数指标（Exponential Moving Average）是对最近收盘价赋予更大权重的移动平均线。

肯特纳通道（Keltner Channel）是一种有固定波幅的包络线指标，用于衡量股票或商品的走势。

麦克连指标（McClellan Oscillator）是净涨幅（涨幅减去跌幅）的动量振荡指标，提供有关涨跌线的统计信息，并测量市场广度数据中出现的加速度。

麦氏综合指标（McClellan Summation Index）是一个广量指标，确定市场当前的趋势。

资金流量指标（Money Flow Index, MFI）是一个动量指标，衡量资金流入和流出股票的强度，可以是负值也可以是正值。

异同移动平均线（Moving Average Convergence Divergence, MACD）是一个动量指标，表明两条移动平均线之间的关系，用于帮助确定买入或卖出时机。

指标术语表

移动平均包络线（Moving Average Envelope）被另外两条移动平均线（包络线）所包围，用于识别趋势变化。

负成交量指数（Negative Volume Index）用于分析成交量较前一天的下降情况。

纽约证券交易所跳动指数（NYSE TICK）被当日股民用来对比最新成交价中上涨与下跌股票的数量，以监测短期的超买或超卖状态。

纽约证券交易所短期交易指数（NYSE TRIN）又称阿姆氏指标（Arms Index），是一个广量指标，用于判断股票是否超买或超卖。

能量潮（On Balance Volume, OBV）是一个动量指标，用于分析个股买进和卖出的成交量。

抛物转向系统（Parabolic SAR）根据趋势的走向，设置多头头寸或空头头寸的移动止损价格。

正成交量指数（Positive Volume Index, PVI），当成交量较前一天增加时，该指标就会归零。

市盈率 [Price/Earnings (P/E) Ratio] 是基本面指标的鼻祖，市盈率可以帮助投资者确定哪只股票更有价值。

价格振荡指标（Price Oscillator, PO）与异同移动平均线极为相似，通过移动平均线的背离与聚合来生成买入和卖出信号。

价格变动率（Price Rate of Change, ROC）是衡量个股是否超买或超卖的动量指标。

相对强弱对比（Relative Strength Comparison, RSC）

将股票的表现与特定指数进行比较，以确定其相对强弱。

相对强弱指数（Relative Strength Index, RSI）是一个动量指标，用于确定股票是否超买或超卖。

随机指标（Stochastics）是一个动量指标，用于确定股票是否超买或超卖，以及动量和趋势的变化。（本节末介绍了随机指标的计算方法。）

成交量加权平均价（Volume-Weighted Average Price, VWAP）是一个交易基准，根据成交量和价格计算证券在一天内的平均交易价格。

威廉指标（Williams %R）是一个动量指标，用于确定股票是否超买或超卖。

注意：若需进一步了解上述指标的详细信息，可以访问券商公司的网站。

如何计算每日随机振荡指标

我知道有些读者对随机指标非常感兴趣，并且想要了解它是如何计算出来的。接下来，我将解释随机指标背后的计算过程。

随机图包含三个要素：%K线、%D线以及股票价格区间。%K线是随机振荡指标的曲线。%D线是%K线最后三个数据点的简单移动平均值。它是%K线的3日移动平均线。

%K线比较给定期间（14天）的最低点和最高点，以确定价格区间。然后，它将最后收盘价显示为该区间的百分比。

图7.2中的股票图（参见第七章）包括从每日交易的最高价和最低价（区间）延伸出的垂直线。水平线表示最近的收盘价。

每日随机振荡指标是在股票图上标出的一系列数字。这些数字相连形成了%K线。每日数据点的计算步骤如下：

1. 当前收盘价减去该期间（14天）的最低价。

2. 除以总区间（最高点减去最低点）。

3. 乘以100。

举例如下：

1. 今天，XYZ股票的收盘价为87.33。

2. 在过去14日内（含今日），最高价是91.18，最低价是86.04。

3. 当日随机指标为100×（87.33–86.04）/（91.18–86.04）=25.10

接下来，你可以计算过去任意天数的随机指标，并把这些数据点标在图上。这就形成了%K线。

要创建%D线，需计算最近三个随机指标（即绘制%K线的数据点），并绘制其平均值。

由于%D线基于的是移动平均值，所以%D线比%K线更平稳（变化更慢）。因此%K线被称为"快"线，而%D线被称为"慢"线。

这下你该明白为什么随机指标是众多股民的首选了吧。